章 程 | 主编

送给青春期男孩的成长礼物

10~18岁叛逆期最需要的101个引导

升级版

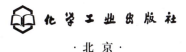

·北京·

青春期孩子的身心变化迅速，这些变化会使少年产生困扰、自卑、不安、焦虑等心理问题，严重的还会产生叛逆、早恋等不良行为。本书从青春期男孩的生理、心理、性知识、情感困惑、学习困扰、社会交往、家庭氛围等几个方面，给予青春期男孩及家长正确的引导。

图书在版编目（CIP）数据

送给青春期男孩的成长礼物/章程主编．—北京：化学工业出版社，2016.7（2020.6重印）
ISBN 978-7-122-27211-9

Ⅰ.①送… Ⅱ.①章… Ⅲ.①男性-青春期-健康教育 Ⅳ.①G479

中国版本图书馆CIP数据核字（2016）第120653号

责任编辑：陈燕杰	装帧设计：史利平
责任校对：边　涛	

出版发行：化学工业出版社
　　　　　（北京市东城区青年湖南街13号　邮政编码100011）
印　　装：大厂聚鑫印刷有限责任公司
850mm×1168mm　1/32　印张7¼　字数178千字
2020年6月北京第1版第7次印刷

购书咨询：010-64518888
售后服务：010-64518899
网　　址：http://www.cip.com.cn
凡购买本书，如有缺损质量问题，本社销售中心负责调换。

定　价：36.80元	版权所有　违者必究

本书编写人员

章　程　　杨建忠　　王春红

冯杏芬　　唐敏佳　　赵　静

殷　皎　　朱晓婷　　赵　霞

刘　敏　　鲍田军　　冯大海

徐玉娟　　缪　艺　　王月涵

目录

第一篇 生理的蜕变
正确认识悄悄变化的自己

与女孩的月经初潮相比,男孩开始向男人转变的过程缺乏明显的标志性事件,所以很难被察觉。当男孩青春期开始时,个子会长高,肩膀会变宽,肌肉会变得结实,整个人更显强壮;同时,第二性征方面也会有很多让男孩惊讶的变化,比如晨勃、遗精等。青春期男孩需要正确认识这些变化,这样才能更好地迈向人生的新阶段。

第一章 悄悄变化的"秘密地带"

第一节 怎样的阴茎才算正常

001 男性发育成熟的阴茎什么样 ………… 002

- 002 阴茎多大多长才"达标" …………………… 005
- 003 为什么阴茎有时会偏向一侧 …………… 007
- 004 阴茎疼痛是怎么回事 …………………… 009
- 005 为什么成年人的阴茎颜色深 …………… 011

第二节 "多事"的包皮

- 006 包皮过长和包茎 ………………………… 013
- 007 哪些男孩需要进行包皮切割手术 ……… 015
- 008 清洁卫生很重要 ………………………… 017
- 009 包皮系带的秘密 ………………………… 019
- 010 提防包皮龟头炎 ………………………… 021

第三节 关于睾丸的那些事儿……

- 011 睾丸的结构和作用 ……………………… 023
- 012 睾丸一个大一个小是否正常 …………… 025
- 013 当心睾丸炎的来袭 ……………………… 027
- 014 青春期男孩也要预防睾丸癌 …………… 029
- 015 可怕的睾丸扭转 ………………………… 031
- 016 多多留意睾丸发育是否异常 …………… 033

第四节 令人尴尬的遗精

- 017 遗精是一种正常的生理现象 …………… 035
- 018 频繁遗精怎么办 ………………………… 037
- 019 "一滴精等于十滴血"是真的吗 ……… 039
- 020 "流白"不等于遗精 …………………… 041

第二章 让男孩烦恼的小问题

第一节 难听的"公鸭嗓"

021 声带的秘密 …………………………… 043
022 变声期声带的保养 …………………… 045
023 掌握科学的发音方法 ………………… 047
024 这些声带疾病要注意 ………………… 049
025 为什么有的男孩喉结小或不明显 …… 051

第二节 胡子来"找茬"

026 胡子可以拔吗 ………………………… 053
027 胡子发黄、细软是怎么回事 ………… 055
028 不长胡子正常吗 ……………………… 057
029 让人烦恼的络腮胡 …………………… 059
030 长胡子以后还长个儿吗 ……………… 061

第三节 层出不穷的小烦恼

031 男孩的乳房也会发育吗 ……………… 063
032 为什么有些男孩的身高还不如女孩 … 065
033 教你几招"战痘"秘诀 ……………… 067
034 怎么一出汗,身上就臭臭的 ………… 069
035 不要动手拔鼻毛 ……………………… 072

第二篇　少年的情怀
理智面对青春期的悸动和懵懂

看过《红楼梦》的人都知道，宝玉从"太虚幻境"醒来，只觉一股潮湿黏液从下身流出，他羞红了脸，奇怪怎么会有这种"儿女"之事。其实，许多青春期男孩都会有类似的经历，男孩们对爱情的憧憬，对男女之事的幻想都是正常的，不需要过分焦虑，需要的是学习相关的知识，懂得理智地去面对。

第一章　别被爱情"打扰"了

第一节　早恋是朵带刺的玫瑰

036	青春期容易早恋的原因	076
037	早恋的5个特点	079
038	哪些男孩更容易早恋	082
039	早恋的负面影响	084
040	如何应对异性的好感	086
041	怎样结束早恋	088

第二节　究竟什么是爱情

042	是友谊，还是爱情？	090
043	网恋，无言的结局	093

044 爱情需要男孩有能力负责任……………… 095
045 青春期的爱情三角理论………………… 097

第二章　大大方方面对"性"

第一节　男孩需要知道的性知识

046 宝宝是怎么诞生的……………………… 099
047 别为性梦而苦恼………………………… 101
048 正确看待性幻想………………………… 103
049 如何控制本能的性冲动………………… 105
050 不要走上性罪错的道路………………… 107

第二节　理性面对性自慰行为

051 适度的自慰并无坏处…………………… 109
052 引发青春期男孩手淫的诱因…………… 111
053 过度手淫的表现及危害………………… 113
054 克服过度手淫的方法…………………… 115
055 关于性自慰的谣传……………………… 117

第三节　提防黄色陷阱

056 警惕"黄毒",远离"黄毒"………… 119
057 避开家庭里的"黄毒"………………… 121
058 主动远离网络"黄毒"………………… 123
059 当心"空中黄流"……………………… 125
060 自觉抵制,净化自我…………………… 128

第四节　那些女生的小秘密

- 061　女孩身体发育的过程………………130
- 062　女孩私处的秘密…………………132
- 063　关于处女膜的疑问………………134
- 064　月经是怎么回事
- 065　为什么女孩会"肚子痛"…………138
- 066　女孩胸前神秘的"柔软地带"………140
- 067　为什么有的女孩没有腋毛…………142

第三篇　起伏的心绪
合理调节自己的情绪和生活

男孩进入青春期之后，心理上会经历巨变，有的男孩变得叛逆不羁；有的男孩变得沉默寡言；有的男孩变得愤世嫉俗……虽说青春期的心理波动是正常的，但是这些波动会给男孩的生活带来一定影响，比如影响男孩与他人的关系、分散男孩的学习注意力等，因此青春期男孩需要学会适当调节自己变化的心理状态。

  第一章　青春期男孩的情绪状态

第一节　青春期男孩容易出现的不良情绪

068 脑门一热——哥们儿义气大于一切……… 146
069 叛逆有理……………………………… 148
070 进入情绪的"发病期",别慌………… 150
071 学会克制暴躁的脾气…………………… 152
072 别动不动就想着"离家出走"………… 154

第二节　正确处理与父母的对抗情绪

073 让父母知道孩子有自己的生活………… 156
074 试着让父母认同自己的想法…………… 158
075 不回避和父母适当的争论……………… 160
076 学会和父母做朋友……………………… 162
077 当隐私被侵犯后………………………… 164
078 穿着打扮也是"导火索"……………… 166
079 争取"玩"的自由……………………… 168

第三节　别让坏情绪影响师生情谊

080 努力取得老师的支持…………………… 170
081 勤学好问,虚心求教…………………… 173
082 老师不是完美的………………………… 175
083 主动向老师承认错误…………………… 177

第二章　青春期男孩的学习与生活

第一节　青春期男孩最棘手的学习问题

084 问题一:对学习没有兴趣………………… 179

- 085 问题二：学习的自控力差……………… 182
- 086 问题三：缺乏钻研的精神……………… 184
- 087 问题四：容易半途而废………………… 186
- 088 问题五：考试怯场……………………… 188
- 089 问题六：阶段性厌学…………………… 190

第二节 青春期男孩应具备的心理素养

- 090 懂得反省是成长的秘诀………………… 192
- 091 增强自己的责任感……………………… 195
- 092 提高自己的挫折承受能力……………… 197
- 093 随时随地保持乐观的心态……………… 199
- 094 培养自己的领导能力…………………… 201
- 095 重视决策能力的提升…………………… 203
- 096 良好的时间管理能力很重要…………… 206

第三节 青春期男孩必备的社交技巧

- 097 学会与自己的"对手"合作…………… 208
- 098 正确处理朋友间的冲突………………… 211
- 099 站在"对面"看问题…………………… 214
- 100 养成倾听的好习惯……………………… 217
- 101 被朋友误解之后………………………… 219

开心一刻

一天,男孩回家对爸爸说:"爸爸,你看下我脸上的青春痘,红红的,黑黑的,怎么办嘛!"

爸爸说:"我在你这个年龄的时候长的痘痘比你的还红、还黑!"

男孩又问:"那你是怎么活过来的?"

爸爸说:"这个嘛,我自己又看不到!"

第一篇
生理的蜕变

正确认识悄悄变化的自己

与女孩的月经初潮相比，男孩开始向男人转变的过程缺乏明显的标志性事件，所以很难被察觉。当男孩青春期开始时，个子会长高，肩膀会变宽，肌肉会变得结实，整个人更显强壮；同时，第二性征方面也会有很多让男孩惊讶的变化，比如晨勃、遗精等。青春期男孩需要正确认识这些变化，这样才能更好地迈向人生的新阶段。

第一章 悄悄变化的"秘密地带"

第一节 怎样的阴茎才算正常

001

男性发育成熟的阴茎什么样

随着青春期的悄悄来临,阴茎也在不断的发育,你一定很好奇,男性成熟的阴茎是什么样的呢?

★ 成熟阴茎的结构

男性成熟的阴茎可分为阴茎包皮、阴茎头、阴茎体、阴茎根四个部分。

第一,阴茎包皮。阴茎的皮肤薄而柔软,富有伸展性,皮下无脂肪组织,它与阴茎头和阴茎根的深层贴附紧密,其余部分则疏松易于游离。阴茎皮肤自阴茎根向前反折游离,形成包绕阴茎头的双层环形皮肤,称为阴茎包皮。包皮的前端围成包皮口,在阴茎头腹侧中线上,连于尿道外口下端与包皮之间的皮肤,称为包皮系带。阴茎包皮的功能是容纳和保护阴茎头。

第二,阴茎头。阴茎头为阴茎前端的膨大部分,俗称"龟头"。对于包皮过长的男性,要将包皮上翻才能够见到龟头。如果成人的包皮无法上翻现出龟头,这就是通常所说的包茎,需要到正规医院实施包皮环切手术。

龟头的冠状沟附近是藏污纳垢的地方,排尿后残余的尿液会在龟头与包皮间积留,让尿液里的物质沉淀,细菌、真菌繁殖,产生大量尿垢,并集中在冠状沟。一般来说,一两天要清洗一次尿垢,以免发生炎症。在性交前必须清洗龟头和包皮。

龟头容易发生感染性疾病,如龟头上有小红点、龟头发黑、龟头发白等。如真菌感染(念珠菌病)、尖锐湿疣等。龟头需要精心呵护,要定期清洗,注意清洁卫生。

第三,阴茎体。阴茎中部为阴茎体,呈圆柱形,以韧带悬于耻骨联合的前下方,为可动部分。阴茎体由阴茎海绵体和尿道海绵体组成,具有丰富的血管、神经、淋巴管。勃起时,血液大量注入阴茎海绵体血管部,容积增加;回缩时,坐骨海绵体肌解除对阴茎背静脉的压迫,使血液回流。

第四,阴茎根。阴茎后端为阴茎根,藏于阴囊和会阴部皮肤的深层,分成两条阴茎脚,固定于耻骨下支和坐骨支,为固定部分。阴茎根是阴茎的起点。

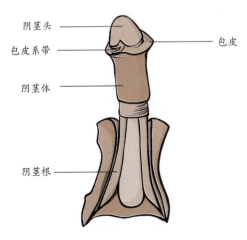

★ 阴茎成熟的过程

阴茎的分化与发育过程分为三个阶段。

第一,妊娠期。在妊娠第10~12周,阴茎开始分化;在妊娠的中、后期,阴茎生长速度很快,出生时可达2.5~3.5厘米。

第二,出生后至青春期前。这个时期阴茎生长缓慢。

第三,进入青春期后,阴茎迅速生长,仅5年左右就达到成人水平。

给儿子的悄悄话

步入青春期的你,随着性功能的成熟,"小弟弟"会发生一系列变化,这是正常的过程。为了你的健康成长,你要开始注意学习这方面的知识。

阴茎多大多长才"达标"

无人的时候,你有没有仔细观察过自己阴茎的大小?你一定很想知道,到底自己的阴茎是大还是小?有没有"达标"?

★ 科学测量阴茎的长度

测量阴茎长度的科学方式应该是由耻骨到龟头的长度。医学上常用的方法有两种。

第一,非勃起阴茎长度的测量。室温18℃,取直立姿势,将阴茎提起与身体呈90°,用直尺测量耻骨联合处到阴茎头顶部的长度。

第二,勃起阴茎长度的测量。取直立姿势,用手捏住阴茎头用力拉向前方,牵拉到不能延长为止,用直尺测量耻骨联合到阴茎头的长度(牵拉后的长度与勃起的长度基本相同)。

★ 阴茎大小的标准

国际男性保健组织(MTD)通过近30年研究得出推算阴茎大小是否正常的公式:

亚洲:正常阴茎长度$(M)=[身高(T)-105]×0.618/3.14$(厘米)

正常阴茎直径$(D)=(M)/3.14$(厘米)

欧美:正常阴茎长度$(M)=亚洲/1.414/0.618$(厘米)

西方白色人种的阴茎尺寸会大于亚洲人种。据统计美国白人在松弛时阴茎长度为7.5~11厘米,勃起时可有10~18厘米。亚洲人种勃起时7~16厘米的都属正常。

中国当代著名性学家史成礼曾测定1412例中国健康男性青年的阴茎大小及126例健康男性的阴茎勃起长度。结果表明,常态时最长为19.5厘米，最短3厘米，平均8.375厘米；周长最大14厘米，最小2.5厘米，平均7.3厘米；勃起时最长23厘米，最短8厘米，平均12厘米；勃起时周长最大14厘米，最小8厘米，平均10.75厘米。

★ 许多因素都可能影响阴茎的大小

上述公式、数字你不必太过认真，实际数据证明阴茎的大小和种族以及遗传的关系比较密切，比如欧美人就比亚洲人普遍尺寸要大一些。另外，许多因素都可能影响平时阴茎的大小，包括身体脂肪过多、天气过冷、压力情境。所以，阴茎的长短不一，粗细不等属于正常生理现象。

★ 阴茎的长短与性能力无关

阴茎的长短和男性的性能力无关，亦不是影响女性获得性快感的要素。一般医学上认为，男性阴茎长度大于5厘米即可行使正常性功能。

给儿子的悄悄话

科学地认识阴茎的大小，不要"杞人忧天"！

003

为什么阴茎有时会偏向一侧

许多青春期的男孩都会发现自己阴茎在勃起的时候会向各种角度偏向一侧,你是不是也发现了呢?

★ 阴茎偏向一侧的内部原因

医学上统计,三分之二的成年男性在阴茎勃起时,都有轻重不同的偏向一侧的现象,这是因为男性的阴茎内有成双的阴茎海绵体,但左右两侧的海绵体在青春期时不一定长得一样快,即使是同一侧的海绵体,也不一定上、下、左、右的发育就完全一致,因此,就会产生海绵体长短大小不一的情形。包容着海绵体的阴茎白膜有很大的弹性,因此在阴茎呈软缩状态时,看不出什么异状,但在勃起充血时,较长的一侧就会往较短的一侧压迫,就会造成阴茎偏向一侧的现象。

★ 阴茎偏向一侧的外在原因

阴茎偏向一侧的外在原因主要有两个。

第一,阴茎"骨折"。所谓的阴茎"骨折",实际上是对阴茎折断的一种形象的说法。阴茎是由两根阴茎海绵体和一根尿道海绵体组合而成。尿道贯穿于尿道海绵体之中,内接膀胱,外达阴茎头;阴茎海绵体里面有丰富的血管窦,外面被坚韧的白膜所包绕。白膜是封闭阴茎海绵体的一层膜状组织。当阴茎处于软缩状态时,白膜的厚度为2~3毫米;当阴茎处于勃起状态时,白膜会变薄,厚度低于1毫米。

当阴茎勃起时,由于海绵体充血扩张,使包绕阴茎海绵体的白膜处于高度紧张状态。如果这时阴茎受到强烈的外力作用,使阴

茎的根部与头部向中间形成一股较大的折压力，就可导致白膜破裂，这就是阴茎的"骨折"。

阴茎"骨折"后，患者会出现阴茎剧烈疼痛、阴茎皮肤肿胀淤血、阴茎头偏向受伤一侧等现象。

第二，过度手淫。有手淫习惯的男孩，如果经常只使用一只手，那么会使那一侧的海绵体发育比较充分，从而引起阴茎的偏向。

★ 什么情况下需要治疗

一般来说，阴茎偏向一侧，角度在15°以内对男孩并没有什么太大影响，因此并不需要治疗，超过30°以上，会有少数人有疼痛的感觉，可以考虑去医院检查、治疗。

治疗的方法并不复杂，只要将包皮褪下打入使阴茎勃起的药物或灌注足量的食盐水，来观察勃起而弯曲的阴茎，再将多余的海绵体白膜予以折缝，利用不吸收的缝线绑紧所造成的拉力将阴茎的角度逐渐修正，这样，连续几次的折缝就可以把整个阴茎完全拉直。

给儿子的悄悄话

阴茎偏侧的现象很多见，保持良好的生活习惯，不用太担心。

004

阴茎疼痛是怎么回事

因为阴茎是比较私密的部位,所以有很多青春期男孩即使出现阴茎疼痛的症状,也不好意思问家长、朋友,更不愿意去医院看医生。那么,阴茎疼痛到底是怎么回事呢?

★ 阴茎疼痛的病因

造成阴茎疼痛的主要原因是各种外伤和病菌感染。

第一,包皮垢。许多原因会导致阴茎疼痛,不过最主要的原因就是包皮垢,因此包皮垢要及时处理,包皮过长十分易于藏污纳垢,特别是包皮能分泌一种奇臭的白色分泌物,也就是包皮垢了。包皮垢长期刺激阴茎头,特别是冠状沟部,容易引起包皮炎以及龟头炎。还有可能是包皮过长或者是包茎导致的感染。长期的炎症不治疗,就容易引起阴茎疼痛。

第二,各种外伤、蚊虫咬伤或是任何表皮外伤。虽然阴茎位置隐蔽,而且平时体积也比较小,但还是有可能出现外伤、蚊虫咬伤等情况的。最常见的是骑跨在硬物上,将阴茎撞伤。

第三,生殖器疱疹。生殖器疱疹也是造成阴茎

疼痛的常见病因。在病发（疹子长出来）之前，受感染的部位会有持续5~6天灼热、发痒或疼痛的现象，随后在表皮上就可以发现明显的、看得见的溃伤了。一旦这些水疱样的溃伤逐渐愈合，则疼痛的症状也会随之消失。在第一次发作过疱疹之后，有些人会持续好几个月、好几年甚至终生都不再复发，但是有些人却经常有复发的情形。

第四，前列腺疾病。阴茎受到外部感染或者局部刺激常常会出现阴茎疼痛的症状，这种感染和刺激大多数是前列腺疾病引起的。无论是前列腺炎，还是前列腺增生，都会因为病毒入侵或者正常的前列腺组织病变导致疼痛，患者最切身的感觉就是阴茎疼痛。

第五，尿道炎和淋病。主要通过性行为传染，可出现疼痛症状，除了能够在尿道发现有脓性分泌物外，还有小便时疼痛，阴茎周围灼热、疼痛、发痒等症状。

★ 阴茎疼痛如何预防

有因才有果，如何在生活中控制好"因"，不让疼痛这个"果"滋生呢？首先，男孩要保持乐观豁达的心境，善于调节、控制不良情绪；其次，要注意阴部卫生；第三要少吃肥甘厚味，少饮酒，多吃粗粮、萝卜、青菜；最后要切记不要滥用各种滋肾壮阳的补品。

给儿子的悄悄话

阴茎是男性重要的生殖器官，也是非常脆弱的器官，因此，如果出现疼痛，应高度重视，积极到正规的医院进行治疗，千万不要因为害羞、害怕耽误治疗。

为什么成年人的阴茎颜色深

阴茎会"变色"？是的！相对于成年人来说，青春期男孩的阴茎颜色要浅一些，这是为什么呢？

★ 阴茎"变色"的原因

在谈阴茎"变色"的原因之前，男孩们需要对性激素有一定的了解。

性激素是指由人体的性腺，以及胎盘、肾上腺皮质网状带等组织合成的激素，具有促进性器官成熟、副性征发育及维持性功能等作用。女性卵巢主要分泌两种性激素——雌激素与孕激素，男性的睾丸及肾上腺均可分泌雄激素。

雄激素促使男性的附性器官生长发育，这些附性器官有附睾、输精管、射精管、精囊、前列腺、尿道球腺和阴茎等，同时使男性出现并保持第二性征，如高大的体格、突出的喉结、低调而浑厚的嗓音、胡须等。假若在童年时期将睾丸阉割，那么上述附性器官就不会发育，而维持在童年型，第二性征也不会出现，成为中性人。封建

社会的太监就是这种中性人，面无胡须、身体肥胖、颈前无喉结、声音尖细、阴茎保持童年状态，没有任何性欲。

阴茎"变色"的原因主要是性激素造成黑色素沉淀。男孩在进入青春期之后，性激素增多，随着年龄的增长，阴茎长期受到性激素的刺激，致使黑色素大量沉着而使肤色变得很深。所以，一般来说，成年人的阴茎颜色要比青春期男孩的深一些。

★ 包皮手术后，阴茎颜色会有所不同

有的青春期男孩会很疑惑，做完包皮手术后，阴茎前端的颜色会浅一些，并开始怀疑这次手术是否成功。其实，如今的包皮切割手术技术非常纯熟，只要是正规医院做的手术，基本不会有问题，阴茎颜色有所不同是因为包皮切除后，没有黑色素沉着的内部显露出来，颜色会略浅，时间长了，这部分颜色也会变黑。

★ 阴茎的颜色与性能力无关

有的男孩认为阴茎颜色与性能力有关，认为颜色偏向猪肝红的性能力较强，越浅的性能力越弱。其实，从医学角度来说，从男性阴茎颜色深浅就能判定性能力强弱，可说是无稽之谈！事实上，人类发育过程中，都会有黑色素沉淀的问题，尤其在性器官会特别明显，如果根据阴茎颜色较深，就认为其性能力强，完全没有依据。

给儿子的悄悄话

阴茎的颜色变化只是因为色素沉着，不用担心、困扰。

第二节 "多事"的包皮

006

包皮过长和包茎

包皮为男性外生殖器的组成部分，有重要的生理功能，但是，他们也非常"多事"，经常让男孩们不知所措！"包皮过长"和"包茎"就是最常见的问题。

★ 包皮过长和包茎的医学定义

正常的阴茎，阴茎头和尿道口是暴露在包皮之外的，当包皮过长时，包皮虽然能上翻露出龟头，但包皮口很小，会盖没尿道外口。那么包茎又是怎么回事呢？当包皮口狭窄，或包皮与阴茎头粘连，包皮不能上翻，不能露出尿道口或阴茎头时，就是包茎。

包茎分为先天性包茎和后天性包茎，先天性包茎又分为以下两种。

包皮过长

包茎

第一，萎缩型包茎。萎缩型包茎包皮短而薄，紧包阴茎头，二者粘连在一起，使阴茎发育受到限制，因此阴茎短小，阴茎头变形。勃起时感到不适或疼痛，影响性功能。若包皮口与尿道外口恰在同一个位置，包皮口狭窄不严重时则排尿尚不影响，否则即有排尿不畅或排尿困难。

第二，肥大型包茎。肥大型包茎包皮肥厚过长，引起排尿费力，尿线变细而分叉。包皮口狭窄者，排尿时包皮囊先被尿液充盈，而呈球状，然后排出尿液。

后天性包茎多继发于阴茎头包皮炎及包皮和阴茎头的损伤，包皮口失去皮肤的弹性和扩张能力，包皮不能向上退缩导致包茎，这种包茎不会自愈。

★ 包皮过长和包茎的危害

无论是包皮过长或是包茎，都对男孩的身体有一定的危害。

第一，妨碍阴茎发育。在青春期由于阴茎头被包皮紧紧包住，得不到外界的应有刺激，阴茎头的发育受到很大束缚，致使性器官发育成熟后的阴茎头冠部的周径会明显小。

第二，使阴茎发炎。包皮内有丰富的皮脂腺，能分泌大量的皮脂。包皮过长和包茎会使包皮内皮脂腺的分泌物不能排出，皮脂和尿中的沉淀物合成乳酪状奇臭的"包皮垢"。包皮垢适宜细菌生长，故可引起阴茎头及包皮发炎。

第三，损害肾脏功能。由于阴茎发炎，可以引起尿道口或前尿道狭窄，造成排尿困难。长期排尿困难，肾脏的功能就会受到损害。

第四，有致癌的危险。包皮过长和包茎有诱发阴茎癌的可能。现代科学研究表明，包皮垢是一种致癌物质，据调查，85%～95%的阴茎癌患者，都有包茎或包皮过长现象。

给儿子的悄悄话

许多人都有包皮过长或包茎的"小烦恼"，科学地进行治疗，解决问题就可以了。

哪些男孩需要进行包皮切割手术

包皮切割手术是用于治疗包皮过长、包茎等疾病的，是一种小手术。那么，哪些男孩需要进行包皮切割手术呢？

★ 适宜手术的人群

对于青春发育阶段的男孩来说，如果包皮过长不能翻转、清洗，以及包茎，尤其是已经发生过包皮卡住龟头情况的就更应及早手术。

★ 适宜手术的时间

一般而言，包皮手术应在青春期前后进行，不需要全身麻醉即可进行手术。十岁以前的小男孩一般不主张做手术，那时候男孩的阴茎还没有正常发育，只有青春期以后，仍然包皮过长或包茎的，就需要手术治疗。但是没有到青春期，出现包茎，且影响排尿，已经粘连了的也可以手术。

★ 包皮手术前后的注意事项

手术前后需注意：

第一，包皮环切术是泌尿外科手术中最细小的一个，但是这个手术却关系着男孩的一生，有些男孩为了"面子"，或者为了贪小便宜，误信广告上的非法宣传，选择各种非法小门诊、小医院做包皮手术，往往导致无法挽回的后果。媒体就曾多次报道：《男子割包皮手术失败，命根被切仅剩一厘米》、《少年切包皮失误致阴茎坏死》。血淋淋的悲剧面前，男孩们一定要理智。

第二，手术前应禁食四至六小时，手术过程20～30分钟，不需要住院。伤口缝合系采用可吸收之缝线，所以不需要拆线。术后伤

口会有轻微疼痛及淤肿的情形，应定时服用止痛药，7~10天后即可痊愈。伤口愈合前，应定期回诊追踪复查。

第三，术后伤口应保持清洁干燥，小便时小心不要弄湿纱布。若有阴茎勃起的状况时，请用一手护伤口，一手用力捏痛龟头，让阴茎自然消退，以免伤口裂开。若伤口痛肿出血，可以局部冷敷加压止血；若出血严重时，则应立即回院就诊。

第四，多准备几条内裤换洗（或是买免洗裤），因为在恢复期会有组织液渗出弄脏内裤的情形。以宽松透气性好的内裤为好，同时保持阴茎头向上，以减轻水肿。

第五，包皮术后，饮食以清淡为主，不要吃刺激性食物。

第六，身体的一般运动不会构成危害。

给儿子的悄悄话

再小的手术也有许多注意事项，千万别马虎！

清洁卫生很重要

青春期，包皮内侧分泌作用增强，分泌物在阴茎头和包皮之间形成一层白色污垢——包皮垢，如果不及时清洗，危害很大。

★ 包皮垢的形成

正如各部位皮肤会分泌皮脂一样，包皮的皮脂腺也会分泌皮脂。由于包茎或包皮过长时包皮不能向上翻起，因此这些皮脂便积聚在包皮的内面与阴茎头之间的空隙中。同时，尿液也会渗入这个空隙，与这些皮脂发生化学反应，变成了包皮垢，并产生奇臭。长期积存的包皮垢会变成坚硬的块状，让人误认为是生了什么"瘤子"。

★ 包皮垢的危害

包皮垢有什么危害呢？包皮垢容易引起包皮和阴茎头发炎，由于局部的炎症及包皮垢的长期刺激，进而可能形成糜烂、溃疡，也可诱发遗尿症，严重者甚至形成包皮结石或诱发阴茎癌。

还有资料表明，犹太人，穆斯林及其他一些民族的男性阴茎癌的发病率都非常低。为什么呢？按照传统习俗，犹太民族的男孩在出生后第8天都要实行包皮环切术。伊斯兰教徒——穆斯林男孩在4~10岁时接受"割礼"，也就是施行包皮环切术，同时还要举行宗教仪式，隆重地庆祝一番。此外，非洲、印尼和印度等国的一些民族，也有自幼切除包皮的习俗。这就是这些民族的男性不易患阴茎癌的主要原因。

我国男性没有从小切除包皮的习俗，如果在包皮内确实集有包皮垢，为了防止出现上述疾患，每天晚上应清洗阴茎。

★ 清洗的正确方法

不正确的清洗方法效果会大打折扣,那么,怎样的清洗方法才正确呢?首先要用干净的温水;其次,清洗的时候,要将包皮上翻,仔细清洗后,用温湿毛巾擦净;最后,洗完之后要记得翻回去,以免造成嵌顿性包茎。特别要注意的是,不要用香皂、沐浴露或其他清洗液,避免刺激龟头。一定要养成每日清洗的好习惯。

★ 包皮垢突然增多的原因

一般的包皮垢只要注意日常清洗是不会有大碍的,但是有的男孩包皮垢突然增多,这是怎么回事呢?专家说造成这种情况的原因有很多。比如感染性的,感染了葡萄球菌、链球菌、大肠杆菌、白色念珠菌、滴虫、衣原体、支原体、真菌、淋病双球菌或其他细菌都可引起;或是由于包皮过长,清洁不彻底引起的。具体原因,需要去医院请医生做诊断。

给儿子的悄悄话

养成良好的卫生习惯很重要。

包皮系带的秘密

阴茎下面正中有一条连接龟头与阴茎体的皮褶,叫包皮系带。关于包皮系带,也有许多男孩需要知道的小知识哦!

★ 包皮系带的作用

包皮系带对外界刺激十分敏感,它与冠状缘是阴茎最敏感的部位,是男性重要的性敏感区之一。

★ 包皮系带过短怎么办

每个人的阴茎发育情况不同,包皮系带的长短和紧张度也不同。如果男孩的包皮系带短而紧的话,龟头在勃起时就会偏向下

方,造成性交或手淫时的疼痛、断裂,有时还会造成包皮系带的反复撕裂出血。

如果男孩的包皮系带断裂,不必为了恢复原状而缝合,一般只作简单压迫止血,最好再清洗一下,并消毒、包扎,以防感染,静养三四天就会痊愈。为了避免创口再裂,一周内禁止性交、手淫,如出血不止应去医院。

★ 必要时进行手术

在确认包皮系带过短后,必要的时候可以遵医嘱进行包皮系带切除手术。这个手术不但不会影响性功能,还有很多好处:第一,避免性交疼痛;第二,避免导致性功能障碍;第三,避免系带撕裂引起感染。

★ 不必"杞人忧天"

包皮系带过短的发病率并不高,有的男孩事实上并不存在包皮系带过短的问题,勃起也完全正常,只是因为炎症或其他疾病造成系带的疼痛。这时候不要轻易地认为自己的包皮系带过短,并"杞人忧天",担心不已,应该去正规医院找医生进行鉴定。

给儿子的悄悄话

如果有任何的不适,可以向爸爸妈妈说,也可以自己去正规医院进行检查。

010

提防包皮龟头炎

患上包皮龟头炎的男孩并不少见，它到底是怎样的一种疾病呢？

★ 什么是包皮龟头炎

包皮龟头炎分为包皮炎和龟头炎，由于常常同时出现故称为阴茎包皮龟头炎。这种炎症可以是感染性的和非感染性的，临床上以感染性的包皮龟头炎较多见。感染性的常由于不洁性交，感染了白色念珠菌、滴虫、衣原体、支原体、双球菌或其他细菌引起；非感染性因素多是由于包皮过长，清洁不够，包皮和龟头之间的不洁之物，即包皮垢，堆积起来，刺激局部的包皮和黏膜发生炎症。

★ 包皮龟头炎的症状

包皮龟头炎临床表现为龟头和包皮表面水肿、充血、灼痛，排尿时加重，可有脓性分泌物自包皮口流出。尿道口周围发红并出现创面、糜烂，并可发展成浅表的溃疡。如将包皮翻转，可见包皮内板和阴茎头充血、肿胀，重者可有浅小溃疡或糜烂，表现有脓液、味臭。严重者还会有乏力、低热、腹股沟淋巴结肿大及压痛。

★ 包皮龟头炎的病因

为什么会得包皮龟头炎呢？

第一，不注意外生殖器卫生。青春期男孩包皮的皮脂腺分泌常常比较旺盛，如果不注意经常清洗外生殖器，或清洗时没有将包皮上翻，包皮皮脂腺的分泌物就会积存在包皮下，形成像豆腐渣样的包皮垢。包皮垢是细菌的良好培养剂，不及时清除就容易诱发包皮龟头炎。

第二,患有包皮过长或包茎。包皮过长者的阴茎头平时始终包裹在包皮里,必须用手上翻才能露出;包茎者即使用手帮助也无法使包皮上翻露出阴茎头。在这种情况下,包皮内更易积存包皮垢,而且难以清除。所以,包皮过长或包茎患者经常发生包皮龟头炎是不足为奇的。

第三,手淫损伤所致。青春期男孩性欲旺盛,常有手淫现象。有时手淫动作过于粗暴,会造成不同程度的包皮破损。由于手淫时精神高度兴奋,损伤又比较小,可能没有察觉,但包皮上的伤口极易受到细菌污染,从而诱发包皮龟头炎。

★ 包皮龟头炎的治疗

包皮龟头炎时常发生,可能导致包皮粘连、尿道口炎、尿道口狭窄,甚至炎症沿尿道逆行而上,引起尿路感染。因此,要及时去正规医院进行治疗,平时要注意卫生保健。不过,包皮龟头炎不会影响性功能和生育能力。

给儿子的悄悄话

包皮龟头炎时常发生,对症下药即可,不用过于紧张、担心。

第三节　关于睾丸的那些事儿……

011

睾丸的结构和作用

睾丸是男孩阴部重要的性器官，它的结构和作用是怎样的呢？

★ 睾丸的基本结构

睾丸位于阴囊内，左右各一，呈微扁的椭圆形，表面光滑，分内、外侧两面，前、后两缘和上、下两端。其前缘游离；后缘有血管、神经和淋巴管出入，并与附睾和输精管的睾丸部相接触。上端和后缘为附睾头贴附，下端游离。外侧面较隆凸，内侧面较平坦。睾丸随性成熟而迅速生长，至老年随着性功能的衰退而萎缩变小。

★ 睾丸的作用——生精

睾丸表面被一层坚韧的组织包裹，称为白膜，具有保护睾丸的作用。白膜增厚并向里面延伸，将睾丸分隔成很多小室，这些小隔叫做睾丸纵隔，小室叫做睾丸小叶。正常男子一般有200～300个小叶，小叶里面布满了睾丸实质，是产生精子的地方，称为曲细精管。若将睾丸实质切取一小块置于显微镜下观察，可以看见曲细精管是一条条的细管子。

成年人，每条曲细精管的直径为150～250微米，每条的长度为30～70厘米，最长的可达150厘米。一个睾丸里有300～1000条曲细精管，其总长度为200～300米，显而易见，睾丸产生精子的基地是相当大的。每个睾丸小叶里的曲细精管合并为2～3条直的曲细精管，组成睾丸网，由此再合并成15～20条睾丸输出小管与附睾相

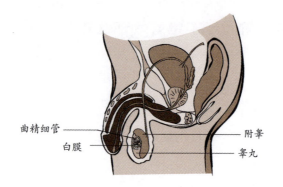

曲精细管　　　　　　　　　　附睾
白膜　　　　　　　　　　　　睾丸

通，精子由此通道进入附睾发育成熟。

　　曲细精管是产生精子的基地，所以也称生精小管，其内衬为生精上皮，它的外层为基底膜，里面由两种结构和功能不同的细胞组成。一种是处于各种不同发育阶段的生精细胞，它逐步发育成为精子。另一种是支持细胞，由于生精细胞附着于它的上面，它起到了支持、保护生精细胞的作用，并且它还吸取体内供给到此处的营养物质（包括氧气），供给生精细胞，使之发育成精子，故得名为支持细胞。位于曲细精管之间的组织呈疏松状，称为间质，里面有丰富的血管、淋巴管。间质是将人体内的营养物质供给到曲细精管处的必经之地。除此之外，里面还有一种具有分泌雄激素功能的细胞，叫做间质细胞。这种细胞虽小，可是功能惊人，它所分泌的雄激素分布到全身，维持男性性征和男性性功能，同时有促使生精细胞发育成精子和促使人体的合成代谢的重要作用。

给儿子的悄悄话

　　睾丸是精子和雄激素的加工厂，而青春期又是睾丸发育的关键时期，所以，你要多了解一些睾丸的小知识！

睾丸一个大一个小,是否正常

有些男孩会非常忐忑地发现,自己的睾丸一个大一个小,这是否正常呢?

★ 双侧睾丸的大小不完全相同

在正常男性中,双侧睾丸的大小不是完全相同的。据统计,右侧睾丸略大于左侧,以睾丸的长、宽、厚度计算,右侧平均为3.38厘米×2.37厘米×1.78厘米,左侧平均为3.30厘米×2.27厘米×1.71厘米。即使是同一个年龄组的人,睾丸的大小也有很大差别。但是在成年男性睾丸的体积在15毫升以上,其功能都是正常的。

★ 睾丸的测量方法

睾丸的测量方法比较简单,尤其是测量子比较法更为易行。其具体方法是:睾丸体积测量子为不同体积的椭圆形硬物,依次是1~25号。测量时将被测睾丸拉起,绷紧阴囊皮肤,将测量子与睾丸逐一比较,与睾丸大小最接近的测量子体积,即睾丸体积。

★ **双侧睾丸差异很大则需就医**

了解自己睾丸正常时大小，有利于及时发现病变。正常人的睾丸，两侧是不等大的，但差别一般不太大。如果两侧睾丸过去大小基本相似，近期内突然出现一侧睾丸明显增大，应及时到医院进行检查。如在一侧睾丸增大的同时，伴有发热及局部疼痛，有可能是附睾炎或者睾丸炎。如睾丸增大不伴有任何症状，应考虑是否有睾丸肿瘤的可能，应及时检查，切不可粗心大意。

在正常的男性中，有些人的睾丸从小时候起就两侧大小不同，差别有时候很明显，这多是先天性疾病所致。如先天性一侧睾丸发育不良，其表现为一侧睾丸很小，质地柔软，如幼儿型睾丸，而对侧睾丸则可有代偿性增大，较一般正常人大些，所以两侧睾丸大小不同，但这种情况一般不多见。

另外，外伤也可造成两侧睾丸大小差异，因外伤引起睾丸内出血、血肿，结果引起睾丸供血障碍，导致睾丸萎缩，故患侧睾丸较对侧睾丸小。腮腺炎病毒可以破坏睾丸的曲细精管上皮细胞，造成睾丸一侧萎缩。当然引起两侧睾丸大小不等的原因很多，但应注意不要把阴囊内的其他疾病也认为是睾丸大小的病因，应分清病因以免误诊。总之，任何原因导致的阴囊一侧明显大于另一侧，均应及时进行检查。

给儿子的悄悄话

"世界上没有两片一模一样的树叶"，双侧睾丸也不可能是同样大小的，大小有略微的不同很正常。

当心睾丸炎的来袭

睾丸炎到底是怎样的一种疾病？

★ 睾丸炎的表现

患有睾丸炎的人，会出现高热、寒战、恶心、呕吐症状，睾丸疼痛，有时呈剧痛，阴囊皮肤红肿，脱皮、瘙痒和阴囊内鞘膜积液，睾丸肿大明显并有触痛。如果化脓，摸上去就有积脓的波动感觉。

★ 睾丸炎的种类

一般来说，睾丸炎有三种。

第一，急性睾丸炎。急性睾丸炎多发生在尿道炎、膀胱炎、前列腺炎、前列腺增生切除术后及长期留置导尿管的人身上。常见的致病菌为大肠杆菌、变形杆菌、葡萄球菌及铜绿假单胞菌等。细菌可经血行播散到睾丸，引起睾丸炎。

第二，慢性睾丸炎。慢性睾丸炎多由急性睾丸炎治疗不彻底所致，也可因真菌、螺旋体、寄生虫感染造成。

第三，腮腺炎性睾丸炎。腮腺炎性睾丸炎是由腮腺炎病毒引起的急性传染病，腮腺以耳垂为中心，向四周弥漫性肿大，俗称"痄腮"。该病毒具有很高的传染性，而且反抗力很弱，怕热、怕晒，一年四季均有发病，冬春两季较多，在幼儿园、小学中易形成流行。85%的患者为5～15岁的儿童，9个月前的婴儿有从母体获得的抗体，很少发病。患病的人打喷嚏、咳嗽出来的飞沫是传染的主要途径；其次是被带病毒的唾沫污染的食物和餐具。病毒进入人体后主要侵犯腺体——腮腺、颌下腺、舌下腺等唾液腺、性腺、胰腺、

甲状腺及泪腺,其他脏器如脑、心肌、肝及肾等均可受累。

青春期男孩得了腮腺炎,有20%~30%的患者并发睾丸炎或(和)附睾炎,多发生在腮腺肿大的1~2周内,少数在第3周,也有在腮腺肿大前发生的。

★ 睾丸炎的预防

那么,睾丸炎要如何预防呢?

首先,男孩应避免不良的生活习惯,对抽烟喝酒等习惯应及时戒除;其次,在日常生活中要注意饮食的均衡,不能挑食偏食,多吃一些新鲜的水果蔬菜,同时也不能吃过于辛辣、油腻等刺激性食物,因为这些食物会增加炎症的分泌物,很容易加重病情,使疾病扩散;第三,在平时,男孩不应一直沉浸在学习当中,适当地做一些运动,不仅可以放松自己,还可以调节身心,提高自身的免疫力;第四,建议穿着宽松的内裤,这样通风透气散热更佳,有利于疾病的预防。

给儿子的悄悄话

青春期男孩是睾丸炎的"袭击对象"之一,在生活中要注意预防和保健,发现不妥及时就医。

青春期男孩也要预防睾丸癌

美国癌症研究中心曾为防癌宣传打出这样的广告："年轻人要如何防癌？男孩子天天摸自己的睾丸，女孩子天天摸自己的乳房！"睾丸癌是年轻男性最常见的癌症之一，虽然睾丸癌可能发生在三种不同的年龄层：婴儿、年轻人、老年人，但是根据统计，十五岁至三十四岁年轻人的睾丸癌患病率增加最快。所以，青春期男孩也要预防睾丸癌。

★ 睾丸癌的自检方法

睾丸癌早期症状不明显，一般确诊时已为中晚期，所以，男孩要掌握自检方法，越早发现，越早控制，生存时间也会延长很多。

睾丸癌自我检查的最好时机是在沐浴后，这是因为任何局部紧张都会使阴囊收缩，影响检查，沐浴后阴囊皮肤放松，检查比较容易，也比较准确。检查时，一手的拇指和食指将一侧睾丸顶至阴囊底端皮下固定好，另一手的拇指和食指触摸其大小、弹性和表面，正常睾丸坚实富弹性但不发硬，就像耳垂的硬度，表面平滑；如果大小、硬度、表面发生改变，就必须找大夫诊治。另外，也要特别注意睾丸的重量，因为肿瘤细胞

大量生长到一定程度后，睾丸的重量会骤增，如果用手托起睾丸，犹如托着石头一般，有一定的重量感，那么也要引起重视，及时就医。

★ 相关疾病的自检方法

在自检睾丸的时候，阴囊内其他器官也可以顺便自检。

睾丸的后缘是附睾，精子生产后即暂时储存在这里。附睾摸起来柔软似海绵，稍用力挤会疼痛，很少出现癌症，但却是最常发炎的器官之一。得了急性附睾炎时，整个阴囊会红肿热痛；慢性附睾炎会在附睾上形成一个硬块，可以摸得出来这个硬块和睾丸没有关系。

如果整边的阴囊肿起来，睾丸就很难摸清楚，可分为几种情形：可能是阴囊里积水，这时用手电筒顶着阴囊可看到里面透光；如果内容物软软的、不大透光，那最可能是疝气，也就是肠掉进阴囊里了；假如一团东西局限在左边阴囊上方，很可能是精索静脉曲张，是一种静脉瘤；另外一种病况是阴囊里有一大块硬东西，分不清睾丸或附睾，则可能是附睾发炎、睾丸扭转或血肿，必须做进一步的检查。

给儿子的悄悄话

每一个男孩都要学会睾丸自检方法，若发现异常要给予足够的重视。

可怕的睾丸扭转

临床资料表明，睾丸扭转并不罕见，它是一个多发于青春期的疾病，美国的一项统计显示，25岁以下青少年的发病率为1/4000，以12~18岁最为多见，25岁以上较少见。该病常影响一个男孩的终生，因为睾丸是男性的重要生殖器官，而睾丸扭转极易导致睾丸受到毁损。一项调查显示，睾丸扭转后，睾丸的毁损率达到86%；睾丸扭转后，睾丸的切除率达到60.9%，所以此疾病需要引起男孩的重视。

★ 睾丸扭转的原因

一般认为与睾丸和精索的先天发育有密切关系。胎儿在母体发育期间，腹膜连同睾丸、附睾、精索下降至阴囊。其中腹膜延伸到阴囊里便形成鞘膜，并与阴囊内层粘连，将睾丸固定。如果鞘膜未与睾丸粘连，致使睾丸悬吊异常，精索在阴囊内过长，或附睾与睾丸生长时发生分离等，均可发生睾丸扭转。在运动、外伤、睡眠时均可因刺激提睾肌，使之收缩增强，导致提睾肌纤维呈现螺旋状而发生睾丸扭转。在青春期到来时，由于睾丸悬吊异常，加上睾丸重量增加，更容易出现扭转。

★ 如何识别睾丸扭转

睾丸扭转是由于精索顺其纵轴旋转，导致睾丸的血流供应突然受阻而造成的睾丸急性缺血、坏死。它且易与急性附睾炎、嵌顿疝、睾丸炎、睾丸出血、睾丸肿瘤等混淆。通过以下几方面，可大体判断是否可能是睾丸扭转。

第一，看症状。睾丸扭转的典型症状是一侧阴囊突然出现持

续性疼痛，并向下腹部放射、逐渐加剧，可伴有阴囊表面红肿，部分病人还可能伴有恶心、呕吐、发热、行走不便等症状。

第二，看年龄。本病好发于青春期少年。

第三，看发生的前因后果。睾丸扭转发病前数小时有剧烈活动或睾丸处外伤史，也有在睡眠中突然发生的。

★ 出现睾丸扭转怎么办

出现睾丸扭转千万不能麻痹大意，要在最短的时间内到医院请专门的泌尿外科医师诊治，拖延时间越长，睾丸破坏的程度就越严重，丧失功能的可能性就越大。并且本病的误诊率特别高，非泌尿外科大夫误诊率更高。专业的泌尿外科医生会采用有效的检查方法及时准确处理以挽救扭转睾丸的功能。如果确诊为睾丸扭转，早期用徒手复位即能获得良效。但发病时间长时医生都会告诉患者尽快手术，这时要谨遵医嘱，否则会延误手术时机。

给儿子的悄悄话

有些疾病来得突然，而且特别可怕，男孩要迅速做出正确的选择——就医。

多多留意睾丸发育是否异常

青春期是睾丸发育的关键时期，这时候，男孩要多多留意自己的睾丸发育是否正常。一般来说，青春期男孩可能出现的睾丸异常情况有下面三种。

★ 睾丸不发育甚至缩小

有的男孩到了青春期阶段，睾丸不发育甚至缩小，这时候可能就出现了睾丸发育异常。

16岁的小徐眉清目秀，半年前，他的左侧睾丸突然红肿，医生认为是炎症，就让他输抗生素消炎，治疗一段时间后，睾丸红肿消失了，但是，近两个月以来，左侧睾丸却越来越小。经检查发现，他的左侧睾丸如今只有黄豆大小，而右侧的睾丸虽然一直安然无恙，却也仅有花生米大小。照理说，16岁的男孩睾丸发育应该接近成年人，但他的睾丸发育明显"滞后"。医生判断为"两性畸形"——虽然阴茎外观正常，但睾丸等生殖器官发育较差，这是一种性染色体疾病。

有的"两性畸形"的男孩出生之后并不明显地表现出异常，平时很难发现，到了青春期阶段，甚至成人之后才会发现异常。因此，如果男孩发现自己的睾丸不发育，应及时到医院就诊。

★ 出现"小睾丸"

从刚刚出生的婴儿到12岁的少年，睾丸发育处于相对静止期，一般容积为1～4毫升。12岁以后的男孩进入青春发育期，睾丸迅速增大，成年男性的睾丸容积为16～25毫升。如果成年男性双侧睾丸容积都小于10毫升，则为小睾丸，可出现性功能低下和男性不育

症。出现小睾丸的男孩，很多都是爱吃洋快餐的小胖孩，肥胖会导致睾丸、阴茎发育不良，影响日后的生育和性功能，这一点需要引起男孩的重视。

★ 鞘膜积液

由睾丸下降时鞘状突的腹膜衍生来的鞘膜具有分泌功能，鞘膜的浆膜面可分泌液体，其可通过精索内静脉和淋巴系统以恒定的速度吸收，当分泌增加或吸收减少时，鞘膜囊内积聚的液体超过正常量而形成囊肿，则称为鞘膜积液。如果用手电筒强光照射阴囊，可以看到积液处能透光，又红又亮，在红亮区内有黑色的不透光的睾丸。如果鞘膜积液非常严重时，阴囊会下坠。

鞘膜积液会影响男孩的生精功能，导致不育。这是因为积液会导致睾丸缺血，造成睾丸生精功能不良，而且鞘膜积液会造成睾丸失去调节温度的功能，也会影响睾丸的生精功能。目前，治疗鞘膜积液的最好办法就是手术。

给儿子的悄悄话

睾丸的"事儿"很多，需要你在日常生活中多多留意！

第四节　令人尴尬的遗精

017

遗精是一种正常的生理现象

许多男孩到了青春期会出现遗精现象，它是一种正常的生理现象，是指不因性交而精液自行泄出。约有90%正常成年男性发生过遗精，青春期发育后的1~2年至老年，都可能出现。

★ 遗精的分类

遗精可分为生理性遗精和病理性遗精。

第一，生理性遗精。生理性遗精多见于青壮年，很少发生于12岁以下的男孩，到14岁男孩遗精的发生率约为25%，城市和家庭经济状况较优越的男性少年发生率高。16岁约为55%，18岁为70%，20岁为75%~80%，到45岁至少有90%的男子在某一境遇下发生过遗精。遗精发生的频率多数为每周1次或数周1次。

生理性遗精又分梦遗和滑精。

梦遗是指睡眠过程中，有梦时遗精，醒后方知的情况。梦遗可以是性梦引发的结果，也可以是由被褥过暖，内裤过紧，衣被对阴茎刺激或阴茎受压的结果。中医文献将"有梦而遗为梦遗，无梦而遗为遗精"的分类是区别梦遗和遗精的最早说法。梦遗前的性梦可能是很含糊的，有的梦遗后无法回忆性梦中的主要情节。也可能是很清楚的，有些人在清晨醒来时清楚地回忆起梦中所发生的事件。实际，性梦是潜意识的反应，往往与幻想和经历有着某种联系。

在清醒状态下无自慰或无性交刺激的状态下自发性射精称"滑

精"。二者从根本上说没有太大区别。

第二,病理性遗精。病理性遗精多见于中老年或身体先天不足者。患有病理性遗精的人,遗精次数频繁,有的入夜即遗,或清醒时精液自出,精液量少而清稀,遗精时阴茎勃起不坚,或根本不能勃起,遗精后出现精神疲惫,腰膝酸软、耳鸣头晕、身体乏力等症状。

★ 是否遗精与生育能力无关

遗精是一种生理现象,但这种生理现象并不像女性月经那样正常人都有。它出现与否以及出现次数的多少,与个人的饮食、身体健康等综合因素有关。大多数男孩在13～15岁,随着睾丸的发育成熟产生精子便出现遗精现象,但并不是每个男孩都有遗精。据统计,只有80%的男性会遗精,而不遗精的男性要占20%。所以,并不能以有无遗精现象来判断生育能力。如果你从没有遗精,但全身各方面都正常,尤其性器官发育状态,如阴茎、阴囊、睾丸均正常,并且阴茎能勃起自如,具有男性第二性征,就没有必要担心自己没有生育能力。

给儿子的悄悄话

遗精是一种正常的生理现象,不是"不道德"的坏事,不必恐慌和自责。

频繁遗精怎么办

青春期男孩,遗精发生的正常频率为每周1次或数周1次,倘若遗精次数频繁超过正常次数,如几天发生一次或一个月内发生四五次以上,就是频繁遗精了!

★ 频繁遗精的危害

频繁遗精的危害很大:

第一,影响精神状态。频繁遗精的男孩容易精神委靡不振,出现情绪不稳定、记忆力下降、遇事无精打采、对外界显得十分淡漠、多梦失眠等现象。

第二,出现不适症状。如果遗精次数多,会出现许多身体的不适症状,例如头昏、眼花、耳鸣、疲倦、腰酸、腿软、口渴、心悸、多汗等,影响到整体健康状况。

第三,造成性功能障碍。频繁遗精会干扰正常性功能的发挥,造成性欲减退、早泄、勃起功能障碍等男子性功能异常。

★ 频繁遗精的原因

频繁遗精主要有以下几个可能。

第一,精神因素。由于性要求过分强烈不能克制,特别是在睡眠前思淫引起性兴奋,长时间使性活动中枢神经受到刺激而造成遗精(如经常读淫书、看看淫画,导致冲动发生遗精)。

第二,体质虚弱。一些体质不好的男孩也容易频繁遗精,比如大脑皮质功能不全,失去对低级性中枢的控制,而勃起中枢和射精中枢的兴奋性增强,也会发生遗精。

第三,局部病变。性器官或泌尿系统的局部病变,如包茎、包

皮过长、尿道炎、前列腺炎等,这些病变可以刺激性器官而发生遗精。

第四,生活习惯。一些生活习惯也会造成频繁遗精,比如被子太厚重和内裤过紧会加重对阴茎的刺激,从而导致遗精;经常泡热水澡会使睾丸处于高温环境中,容易导致遗精;足疗时间过长、频率过高,会使大脑皮质持续兴奋,使相关一系列神经也过度活跃,造成遗精。

★ 频繁遗精的对策

如果发生频繁遗精,要注意以下几点。

第一,注意心理卫生和精神调节。培养自己开朗、乐观、冷静、客观、坚强的性格,经常保持轻松、愉快的情绪,顺其自然,调养一段时间,这种情况自可减轻。

第二,注意生活起居。衣裤应稍宽松些,夜晚不要进食过多,睡前用温水洗脚,被褥不宜过重,脚部不宜盖得太暖,养成侧卧睡眠的习惯。

第三,节制性欲,戒除手淫。不看尤其不能迷恋色情淫秽书刊和影视音像制品,逐渐戒除手淫,减轻思想负担,使疾病逐渐康复。

给儿子的悄悄话

懂得自制的男孩,是真正内心强大的男孩。

"一滴精等于十滴血"是真的吗

你有没有听过"一滴精等于十滴血"的说法,也许你会被这种说法吓到,其实这种说法是不科学的。

★ 生精和造血分属人体两个不同系统

现代医学早已揭示:精液是由精子和精浆组成。精子产生于男子的睾丸,精浆由精囊、前列腺、尿道腺等附属性腺所分泌的液体混合而成。精液所含的成分其中90%以上是水分,另外含有少量的蛋白质、脂类、糖、酶类、无机盐和锌等微量元素。而血液起源于造血干细胞,其主要造血器官为骨髓,血液由红细胞、白细胞、血小板、血红蛋白等血浆成分与血清组成。生精和造血分属人体两个不同系统,根本不存在"一滴精等于十滴血"的可能。

★ "精满则溢"是正常现象

男孩进入青春发育期以后，睾丸不断地产生精子，精囊和前列腺不断地产生精浆，精子和精浆混合在一起，便成了精液。少女出现月经初潮，意味着性发育成熟的开始；对少男来讲，第一次出现遗精，便标志着开始发育。

男孩从十四五岁起，睾丸就开始制造精子，然后储存于"储精仓库"——附睾里，对于一个健康男子来说，精子、精液是在不断产生的，精满则溢，不可能人为地加以储藏，即使想储藏它也是藏不住的。处在青春期的男孩，有些会通过遗精或手淫等方式将精液溢出，通过这种精液排泄方式，使人体的性积累、性紧张得到缓解和释放，可促进新陈代谢，有利于身心健康，甚至可以避免性犯罪。

如果男孩错误地把精液当成"至宝"，惜精如命，唯恐丧失元气，从而在潜意识中抑制射精，久而久之会造成逆行射精、不射精等性功能障碍，从而导致不育。据有关文献统计，我国男性性功能障碍患者中，不射精者或逆行射精的患者约占2%，明显高于西方国家的发病人数比率，这与国人在精液问题上的错误观念和认识不无关系。

★ 遗精不需要进补

很多男孩虽然能够理解"一滴精等于十滴血"的说法是错误的，但是总觉得遗精会对身体造成一定影响，从而盲目擅自服用补药，其实这种做法是错误的。精液的成分并不神秘，通过饮食及人体正常的新陈代谢就可以不断的得到补充，除非遗精过度频繁。

给儿子的悄悄话

不要盲目相信一些"俗话"，要相信科学。

"流白"不等于遗精

不少男孩到青春发育期后,在受到意识及视听上有关性的刺激,或局部接触时,均可出现由尿道口流出少许清亮或略带乳白色分泌物的现象,俗称"流白",医学上称为尿道滴白。还有一种"流白"发生在大便过程中,尤其在便秘、用力排便时更为明显,可见到尿道口流出几滴乳白色的液体。有的男孩以为这是"遗精",事实上并非如此。

★ "流白"的原因

男性的尿道是排尿和排精的共同通道。青春发育期后,尿道后端膀胱颈处的前列腺分泌一种乳白色的黏稠液体,叫前列腺液;前列腺液同精囊腺、尿道旁腺等分泌的液体共同组成腺液,有营养精子、增强精子活动能力及润滑等功能。当男孩在受到种种有关性的刺激时所出现的"流白"现象,便是上述腺体分泌的腺液。若受到刺激后阴茎海绵体充血、阴茎勃起时,所分泌的会

这一滴滴白色的是什么?

更多。这完全是一种正常有益的生理反应,其作用是为了润滑生殖器,有助于进行性活动,这种分泌物不是精液,里面没有精子,切莫误认为是病态。

那为什么大便的时候也会"流白"呢?前列腺、尿道球腺和精囊腺等腺体,位于盆腔底,与直肠、肛门接近。一般情况下的正常排便,由于无须过分用力,故较少出现"流白"现象。若在大便秘结、用力解便等情况时,由于腹肌强力收缩,直肠会发生强烈的蠕动,加上大便通过时对肠壁的挤压和扩张,无异于对直肠邻近的前列腺等腺体进行了一次挤压与按摩,于是"囤积"在腺体中的分泌液,有一部分会被挤入尿道,由尿道口滴沥而出,于是出现了大便时尿道口"流白"的情形。

★ 不正常的流白现象

当然也有不正常的流白现象,那就是在患前列腺炎时,由于炎症造成前列腺分泌液异常,当有局部的刺激时,就会出现大便时和排尿后流白现象。这种流出液的量可能较多,而且较混浊,次数也较多,与正常流白不同。如果有这种流白现象,就需要到医院进行检查治疗。

给儿子的悄悄话

青春期男孩"流白"是不足为奇的,它对你的健康、生活和学习都不会有什么影响,尽可以放心。

第二章　让男孩烦恼的小问题

第一节　难听的"公鸭嗓"

声带的秘密

你知道声音是怎么发出来的吗？我们气管的上端有两片很薄的膜，这就是"声带"。说话和唱歌的声音，都是由进出气管的气流使声带振动而发出来的。通过调节两片声带之间的距离和气流进出的快慢，就能控制声音的高低。

青春期是声带迅速发育的时期，声带的变化给男孩们带来了变化，有的男孩变成了"难听的'公鸭嗓'"，要想知道变化的原因，首先就要了解声带的秘密！

★ **声带的结构**

声带又叫声襞，是以甲状软骨前角后面与杓状软骨声带突之间的声韧带为基础，加上声带肌和其表面的黏膜共同构成的。两侧声带及杓状软骨底之间的裂隙称为声门裂，是喉腔最狭窄的部位。声门裂的前2/3位于两侧声襞之间，称为

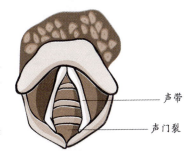

膜间部；而声门裂的后1/3位于两侧构状软骨底和声带突之间，称为软骨间部。将声带和声门裂合称为声门。

发声时，两侧声带拉紧、声门裂变窄甚至几乎关闭，从气管和肺冲出的气流不断冲击声带，引起振动而发声，在喉内肌肉协调作用的支配下，使声门裂受到有规律性的控制。

★ 青春期的声带变化

青春发育期男孩的声带变化较大，这时男孩的喉结迅速长大，声带增长变厚较快，并有轻度充血，原有的童音逐渐消失，出现低沉的声音，此时即称为变声期。男孩的变声期大致从14～16岁开始，到18岁可完成。

变声期可分为变声初期、变声中期和变声后期三个阶段，每个阶段表现都不一样。

第一，变声初期。这个时期男孩说话和唱歌的声音差不多和童年的声音相同，只是说话当中有的语调开始出现粗涩沉闷的声音。随着时间的增长，这种情况就会越来越多。与此同时，男孩可能觉得自己的嗓子有些不听使唤，发不好高音。发音耐久力差，音不稳定，有时说话走调，甚至出现怪音等现象。

第二，变声中期。它是变声旺盛，嗓音变化最明显的时期。这时，男孩说话和唱歌时就跟以前有了显著不同了。声音变粗变低，但有时还有娃娃声。唱歌时男孩会感觉好像控制不住自己的嗓音似的，唱高音困难，而调门越来越低。

第三，变声后期。此期男孩说话已变成成人的声音了，但是唱歌的声音还不够稳定，男孩自己还控制不好。这一阶段持续的时间有长有短，因人而异，一般可达几个月。

给儿子的悄悄话

对照上文，你能发现自己处于变声期的哪个时期吗？

变声期声带的保养

人的一生，变声期是嗓音经历最大变化的时期。在这期间，发音器官从量到质都要发生巨大变化，如果不注意声带的保健，会给嗓音造成不良后果。那么，男孩要注意哪些方面呢？

★ 饮食保养

在饮食方面，男孩要注意：

第一，注意胶原蛋白和弹性蛋白质的摄入。因为声带是由弹性蛋白质薄膜构成的，为此变声期的青少年应吃些富含胶原蛋白和弹性蛋白质的食物，如猪蹄、猪皮、蹄筋。

第二，应摄入富含B族维生素和钙的食物。维生素B_2、维生素B_6能促进皮肤的发育，也有利于声音的发育。钙质可以促进甲状软骨的发育。

第三，不吃或少吃刺激性食物。尽量不吃酸、辣、苦（如大蒜、辣椒、生姜、韭菜等）等刺激性食物，因这些食物会刺激气管、喉头与声带。

第四，注意饮食细节。进食应注意细嚼慢咽，切忌狼吞虎咽，尤其食鱼更应注意，以防鱼刺伤喉；应多吃些软质食物和精细食物，不宜多吃炒花生仁、爆米花、锅巴、坚果类及油炸类硬且干燥的食物，以防损伤咽喉。

第五，适量饮水。适量饮水可减少或清除喉腔的分泌物，从而减少了细菌的滋生。有利于防止咽炎的发生。另外注意，冬天不喝太烫的开水，夏天不喝太凉的冷饮，剧烈运动后不马上喝冷水。

★ 生活细节保养

在生活细节上，男孩要注意：

第一，正确使用嗓子。不要过度滥用嗓子高声喊叫或无节制地大声喧哗，尤其注意不要过度K歌，青春期用嗓过度可能导致终生声音嘶哑。

第二，改掉清嗓习惯。很多男孩可能经常用这个动作来咳掉喉中的痰或者使自己的声音更加清晰，但这个动作使声带瞬间严重拉紧，容易造成声带损伤。

第三，注意保养细节。及早治疗急性咽喉炎，避免转成慢性咽喉炎；感冒时要注意声音休息，尤其是感冒出现声音嘶哑后，及时治疗并避免咳嗽，以防咳嗽震伤声带；特别需要强调的是酒后、感冒后或咽喉炎症时避免大声喊叫或长时间说话，以免形成声带小结。

第四，保暖很重要。男孩要注意避免着凉、感冒，尤其要注意冬天的保暖，尽量不要穿低领衣服，注意脖子保暖从而避免口腔、喉部受冷。着凉、感冒都会加重声带的肿胀和充血。除了注意随天气变化而适时增减衣服和被褥外，适量参加一些体育活动，每天进行体育锻炼增强体质，对声带的健康生长发育也大有裨益。

给儿子的悄悄话

对声带的保养要落实到生活中的点点滴滴，不要马虎、轻视。

掌握科学的发音方法

发音方法不科学是易患嗓音病的首因,要想防止声带发生病变,防止声带受到刺激和过度疲劳,青春期男孩就应建立起正确的发音方法。

★ 学会呼吸

呼吸是发音的动力来源,要想既保护嗓子,又发出美妙的声音,呼吸尤其关键。就像判断一部跑车的好坏,关键是看它的马达一样。

呼吸有以下几种方式。

第一,锁骨式呼吸。吸气时用肩膀抬高的方式,但因肺部上小下大,所以吸气量较小,说话时用此方式呼吸较无效率。

第二,胸式呼吸。吸气时胸部向外扩张,吸气量居中。

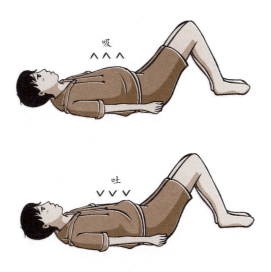

第三，腹式呼吸。吸气时腹部会向下向外推，可使吸气量增大，气吸得最深。

第四，胸腹式呼吸。就是胸式呼吸和腹式呼吸相结合。胸肺部和腹部间有横膈膜，若吸气时能使用到横膈膜，可使吸气量更大，气的运用较灵活，比较推荐青春期男孩用这种呼吸方式。

★ 学会发声

在养成一定的呼吸习惯后，就可以进行发声练习。其实正确的发声就是在正确的吸气的基础上进行正确的呼气，正确的呼气就是运用腹部的气，来使声带振动发声，也就是所谓的运用"丹田之气"发声。

如何运用气息使声带振动，关键就是打开喉咙。如何打开喉咙呢？其实很简单，只要记住打哈欠的感觉或者是倒吸一口凉气时的感觉，使得口腔保持这样的状态，然后再运用气息发声。

你可以试着这样练习：处于自然挺拔的状态，保持喉咙打开，脸部自然放松，把一只手放于腹部，感受气息由腹部送上，快速冲向软腭，发一个"啊"字，反复练习。当然，刚开始练习，你会感觉不自然。只要坚持不懈，遵循循序渐进的原则，不断地使正确的发声成为一种习惯，才能在用嗓时，能运用科学的发声方法。

★ 不要长时间过量用声

最后提醒一点，不管你的声音多么动听，方法多么科学，如果长时间过量用声，都会出现嗓音病变。所以，在训练的基础上巧妙科学地合理分配嗓音的使用时间，是青春期男孩必须牢记的。

给儿子的悄悄话

不要小瞧呼吸和发声，它们也是一门学问呢！

这些声带疾病要注意

青春期时的声带是很娇贵的，如果男孩喜欢大声说话唱歌，随时随地都爱表现自己的大嗓门，稍不注意就会殃及正在生长的声带，使其出现充血、水肿或者发生声带小结或声带息肉，轻者导致发音疲倦无力，音调改变；严重的出现声音嘶哑甚至呼吸困难不能说话！所以，不要轻视这些声带疾病，要给予十二分注意！

★ **急性声带炎合并双侧声带水肿**

患了这种疾病的男孩，两侧声带外观会因水肿而看起来圆圆鼓鼓的，颜色呈淡黄色，亦可发现声带表面有异常之微血管扩张。声音听起来大多变得低沉，且因为声带水肿，需要格外费力才能振动声带，男孩常感觉没说几句话喉咙就痛了起来。此外，因为喉部分泌物变多变黏稠，男孩常会觉得喉咙咯痰不舒服。这时候，男孩要注意噤声休养，多喝温开水，减少咽喉接触刺激物质。

★ **出血与声带息肉**

声带出血的男孩大多经历几天内或隔天睡个觉醒来后声音急速恶化，嗓音变得低沉、粗哑，有时甚至会话说到一半突然完全发不出声音来。一些男孩通宵K歌、参加"狂欢夜"后会出现这种情况。这时候的声带已经发炎、水肿，再一次大声或是过长时间说话，造成声带表层之微血管破裂，因而导致声带急性出血。这时候，男孩要绝对噤声，出血大多可在1～2周内逐渐吸收。然而，2周后音质仍持续不佳，就有可能出血吸收后仍留下一出血性的息肉，甚至摩擦到对侧声带出现长茧等变化，要立即就医，进行喉显微手术切除。

★ 声带小结

声带小结是一种特殊类型的慢性喉炎，它是由于声带过度的振动致使组织破坏，表现为黏膜上皮层及基底膜的损伤。

声带小结这种疾病男孩较女孩多见，主要症状为声嘶。早期程度较轻，声音稍粗糙或基本正常，主要是发声易疲劳，用声多时发生，时好时坏，呈间歇性声嘶；经常于发高音时出现声嘶，并伴有发音延迟、音色改变等；有些患者可能日常交谈中未见明显声音改变，但在唱歌时则可出现音域变窄、发声受限等较明显表现。病情继续发展，声嘶加重，可由间歇性发展为持续性，且在发较低声音时也会出现。声嘶程度与声带小结的大小及部位有关，要及时就医。

给儿子的悄悄话

青春期时的声带是很娇贵的，需要你的细心呵护。

为什么有的男孩喉结小或不明显

由于雄激素的作用，男孩会在青春期发生喉结不同程度地向前突出的现象。可是，也有些男孩喉结很小，或者不明显。这正常吗？为什么呢？要想弄清楚这些问题，要从喉结的基本知识入手。

★ **喉结的结构和生长过程**

人的喉咙由11块软骨组成，其中最主要、体积最大的一块叫甲状软骨。胎儿在2个月时，喉软骨开始发育，直到出生后5~6年，每年仍在增长，但5~6岁到青春期这一时期内喉软骨生长基本停止。所以，男童、女童的甲状软骨一样。进入青春发育期以后，女孩的喉结仍无明显增大，而男孩的喉结则在雄激素的作用下迅速增大，位于颈部的甲状软骨向前方突出，使喉的前后径增加将近一倍，发声随之变为低沉的男性音。这就是喉结发育的生理过程。了解了这一过程，我们就能理解为什么青春期前，男女发音没有明显的区别，即男童音与女童音非常近似，而青春期后，男性（喉部前后径变大）发出低沉的男性音，女性（喉部前后径小）发出尖细的女性音的原因。就像一些乐器，管径小的声音就尖细些，管径粗的声音就浑厚些，其道理是相通的。

★ **喉结小或不明显的原因**

为什么一些男孩虽然有着男性嗓音而喉结却不明显呢？有些学者为此做过临床调研，发现一部分喉结不明显的成年男性，其中有些是非常健壮的田径、体操运动员等，他们肌肉发达，男性性征也很正常。这些喉结不明显的男性中，绝大多数已结婚、正常生育，且无其他异常表现，内分泌检查也未见异常。

专家们通过对这些人的个人生活史的调查发现：这些男性中有些是从青春期前就一直从事大运动量的体育训练，有些则在刚开始发育时就有过频的手淫史，有这种情况的占被调查者的很大比例，有学者认为这可能导致了在青春发育期雄激素的大量消耗而使甲状软骨未能充分向前突出，以致从外观看喉结并不那么明显。尽管前突不充分，但喉的前后径较青春期前还是增大了，故声音同样是男性音。不过还有一些人是由于颈部较粗、肥胖或甲状软骨不是典型向前突而是向四周等量扩张，所以看起来喉结也不那么明显。

调查研究证实：喉结的明显与否，与睾丸及阴茎的发育没有必然的联系，一些男性虽然喉结不明显，但其睾丸及阴茎的发育相当好。所以，现在一些医学书籍上不再把喉结的突出与否作为判断男性第二性征发育是否正常的标准，有些解剖书上甚至已经不再提到喉结这个解剖术语了。

当然，那些喉结不明显或不发育同时伴有内外生殖器发育不良及嗓音尖细的男孩是有治疗的必要的。

给儿子的悄悄话

不用为自己的喉结不明显而担心，它不是发育是否正常的标准。

第二节 胡子来"找茬"

026

胡子可以拔吗

男孩到了青春期,随着性发育的逐渐成熟,口唇部开始出现胡须,这是一种很自然的现象。但是有些男孩认为长胡须不好看,爱用手或镊子一根一根地拔,这是一种不良的卫生习惯。

★ 拔胡须的危害

胡须是毛发的一种,在结构上分为两部分:露出皮肤外面的部分是毛干,埋在皮肤里面的部分是毛根、毛球、毛乳头和毛囊。拔胡子时不仅疼痛,而且拔掉的只是毛干、毛根,由于拔不掉毛球、毛乳头和毛囊,因此胡子仍可再长出来。拔胡子时虽然拔不掉毛囊,但是却极易损伤面部皮肤、毛囊及相邻的皮脂腺,附在皮肤表面的细菌就会乘虚而入,引起毛囊和皮脂腺发炎形成疖肿。

★ 剃胡须的方法

一般来说,青春期男孩不需要刮胡子,因为20岁以前的胡子多数是一些黑色的绒毛,而青少年的毛囊正在发育中,如果刮胡子的话,硬的东西容易刺激毛囊激素，使之生长得更快，所以一般不用刮。但是，如果你的胡子因为遗传等因素，比较硬、浓密，有刮的必要，那么就可以刮。但是，刮胡子也要讲究方法。

第一，清洁皮肤。剃须前，应先用中性肥皂洗净脸部。如脸上、胡须上留有污物及灰尘，在剃须时，因剃刀对皮肤会产生刺激，或轻微地碰伤皮肤，污物会引起皮肤感染。

第二，软化胡须。洗净脸后，再用热毛巾捂胡须，或将软化胡须膏涂于胡须上，使胡须软化。过一会儿再涂上剃须膏或皂液，以利于刀锋对胡须的切割和减轻对皮肤的刺激。

第三，正确剃刮。剃须时应绷紧皮肤，以减少剃刀在皮肤上运行时的阻力，并可防止碰破皮肤。尤其瘦弱的男孩，皮肤易起皱褶，更应绷紧皮肤，使之保持弹性和一定支撑力。

剃须的顺序是：从左至右，从上到下，先顺毛孔剃刮，再逆毛孔剃刮，最后再顺刮一次就可基本剃净。注意不要东剃一刀、西剃一刀，毫无章法地乱剃。剃刮完毕，用热毛巾把泡沫擦净或用温水洗净后，应检查一下还有没有胡楂。

第四，剃后保养。剃须后应注意皮肤保养，因为剃刮胡须时，对皮肤有一定的刺激，并且易使皮脂膜受损，为了在新皮脂膜再生之前保护好皮肤，应在剃须后用热毛巾再敷上几分钟，然后可选用诸如须后膏、须后水、护肤脂或润肤霜之类外搽。这样可形成保护膜，使皮肤少受外界刺激。

给儿子的悄悄话

拔胡子不但会很疼，而且对皮肤也会有伤害，必须刮的话，最好挑选一款合用的刮胡刀！

胡子发黄、细软是怎么回事

你注意过自己胡子的颜色吗？也许有的男孩会很有疑问，因为自己的胡子不是黑色的，它有点发黄，而且又细又软，这是怎么一回事呢？胡须发黄、细软，与营养不良、微量元素缺乏、生活不规律、饮食不卫生、内分泌失调等有关。

★ 缺锌会导致胡须发黄、细软

胡须发黄、细软很有可能是由于平时的营养摄入不足或消耗过多引起的。

人体是由60多种元素所组成。根据元素在人体内的含量不同，可分为宏量元素和微量元素两大类。微量元素在人体内的含量是微乎其微的，如锌只占人体总重量的百万分之三十三，铁也只有百万分之六十，但它与人的生存和健康息息相关，对人的生命起着至关

重要的作用。它们的摄入过量、不足、不平衡或缺乏都会不同程度地引起人体生理的异常或发生疾病。

锌是组织生长所必需的微量元素，缺锌会导致生长迟缓或停止、伤口不愈合、食欲缺乏等，男孩胡须发黄、细软，也和缺锌有关。牛肉、鱼等动物性蛋白质较多的食品及海产品，是锌的主要来源。男孩可以适当多摄取这些食物，同时注意避免吃辛辣刺激性食物，避免熬夜，避免劳累，相信会有所改善。

★ 内分泌失调导致胡须发黄、细软

人体有内分泌系统，分泌各种激素和神经系统一起调节人体的代谢和生理功能。正常情况下各种激素是保持平衡的，如因某种原因使这种平衡打破了（某种激素过多或过少），这就造成内分泌失调，会引起相应的临床表现。男性和女性都可能出现内分泌失调，男孩内分泌失调有可能引起睾丸内分泌异常，从而导致胡须发黄、细软，这可以通过去医院进行生化检查确诊。

那么，男孩内分泌失调要注意些什么呢？调节内分泌主要从饮食、运动上入手。要养成良好的饮食习惯，多吃新鲜果蔬、高蛋白类食物，多喝水，补充身体所需的水分；同时多参加各种运动锻炼，加强体质；还要有科学的生活规律，不要经常熬夜，以免破坏正常的生理规律，造成激素的分泌失衡甚至不足，进而引发其他疾病；还要注意休息，保证充足的睡眠，避免过度劳累与激动，保持精神愉快，以免不良情绪影响到内分泌系统。

给儿子的悄悄话

胡须发黄、细软让你尴尬吗？其实很多男孩有与你一样的情况，找到原因，调理一下就会有所改善。

不长胡子正常吗

青春期后的男性一般都会长胡子。胡子比头发长得快，这是雄激素作用的结果。生殖功能越旺盛，胡须生长就越快。长胡子部位的血管分布要比头发根部多，养分也容易得到，所以，刚刮去胡子，不几天就又长了。

但是，有的男孩进入青春期后没有长胡子，他们开始担心了，担心自己得了什么病。那么，男孩进入青春期后没长胡子到底是不是患病了呢？

★ 胡须是第二性征的表现之一

两性在生殖器结构方面的差异是各自性别最根本的标志，称为"第一性征"，又称主性征。同样可显示两性差异的生殖器以外的男女身体的外形区别则称为"第二性征"，又称副性征。第一性征在出生时就基本完备了，第二性征却要在进入青春期后才出现。

长胡须是男孩第二性征的一个表现。第二性征，是由男子进入青春期后，睾丸分泌的雄激素激发出来的。男孩子在11岁以前体内雄激素很少，男女之间体征上差别不大。进入青春期以后，随着睾丸渐渐发育成熟，开始具备了产生精子和雄激素的能力。在雄激素的作用下，男子生殖器迅速发育，第二性征随之出现，如躯体外形健壮、肌肉发达、肩宽臀小、面部长胡须、喉结隆起、嗓音低沉等。男子长胡须是雄激素作用的结果。

★ 胡须存在差异实属正常

男子胡须的出现和定型也有个过程。只有当青春发育期结束、性成熟后，男子体内的雄激素达到正常成年人的水平，胡须才增多

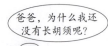

为成年人的样子。身体健康的男子,体内雄激素水平大体上是一致的,但每个男子胡须多少却相差很大。有的人胡须浓密,有的人稀疏;有的人是络腮胡子,有的人是山羊胡……这些都是正常状态下的差异。胡须的多少和形状与民族有关,与家族遗传也有关,这是正常的,完全不必对此有顾虑。

★ **男孩无胡须不一定是病态**

男孩无胡须是不是病态,要联系整个身体发育情况来判断。如果男孩虽无胡须,但生殖器官和其他第二性征都发育正常,那就不属于病态。男孩长胡须的起始年龄不完全一样,有的早几年,有的晚几年,都是正常的,完全不必着急。如果已进入青春发育期,既没有长出胡须,第二性征也不明显,甚至过了青春期依然没有发育,则应该视为异常,可能是专门调节控制性激素分泌的促性腺激素有了问题,需要到医院进行专科检查和治疗。

给儿子的悄悄话

胡须的多少和形状与民族有关,与家族遗传也有关,这是正常的,没有胡须也不一定是病态。

让人烦恼的络腮胡

有的男孩没胡子,有的男孩却是满脸络腮胡,相比没有胡子的尴尬,络腮胡更让男孩烦心!

16岁的王华从两年前开始长胡楂,今年初,浓密的胡须已蔓延至耳垂以下及整个下巴,成了典型的络腮胡。哪怕每天剃须,胡子也会很快再长出来。由于遭到旁人取笑,他越来越自卑,渐渐出现不愿和人交流等自闭倾向,学习成绩也受到影响。

为什么青春期男孩会长络腮胡呢?

★ 过早刮胡子

12~18岁是男孩胡须体毛黄金发育期,若男孩十二三岁就开始刮胡子,往往只需要有几次较连续的刮胡经历,胡须会借助"发育期"猛长,出现络腮胡的现象。

★ 遗传因素

胡子的多少是和遗传基因有关的,如果男孩的父亲、祖父、外祖父、舅舅、叔叔们的胡子都是络腮胡,那么男孩就很可能也是络腮胡。

长了络腮胡,有什么办法去除呢?

怎么胡子越来越硬、越来越多呢?

★ 物理脱毛

采用剃刀或电动剃刀剔除毛发；也可以用蜜蜡、贴布脱毛，用有黏性的蜜蜡粘住毛发，一并撕除。物理脱毛容易划伤皮肤。

★ 化学脱毛

采用脱毛膏或者药物进行脱毛，原理是利用其中的化学物质溶解毛发达到脱毛。化学脱毛可能会由于脱毛剂的质量以及与个体皮肤的匹配不当等问题，很容易造成皮肤过敏，甚至抑制汗腺分泌。

★ 电疗脱毛

即通电破坏毛囊，让毛发永远长不出来。使用这种方法，在除毛的过程中，肌肤表面会有轻微烧灼现象，因此会产生暂时性的小瘢痕，所以要保持伤口的干燥，大约一星期之后，小痂皮会自动脱落，如果是瘢痕体质，有可能会留下全身的小斑点。适合非瘢痕体质的人。这项治疗要去医院做。

★ 激光脱毛

激光脱毛是目前最常用的脱毛方式，采用专利强脉冲光源的选择性光热解原理，选择性地破坏毛囊，在避免对周围组织损伤的同时达到祛除毛发的效果。

如果男孩的络腮胡没有影响到自己的正常生活、学习的话，并不建议在青春期进行脱毛，顺其自然是最好的。

给儿子的悄悄话

那些络腮胡带给你的小烦恼，请用轻松的心情去对待吧！

长胡子以后还长个儿吗

许多男孩担心自己长了胡子以后不长个儿,这种担心是完全没有必要的!要想充分发挥长高潜能,需要在生活中多注意以下方面。

★ 注意营养摄取,多吃长高食物

充足且均衡的营养绝对是让男孩长高的制胜关键。

根据美国食品药物管理局(FDA)的建议,想要长得高又壮,不可缺少的营养素包括蛋白质、钙质、维生素A、维生素C、维生素D、矿物质镁及锌。

蛋白质是构成及修补人体肌肉、骨骼及各部位组织的基本物质,缺乏蛋白质会导致发育迟缓,骨骼和肌肉也会萎缩。肉类、海鲜和牛奶等动物性食品是完整的蛋白质来源,植物性来源则可以从豆类、谷类及核果类中获得。

钙质则是制造骨骼的原料,可以促进生长并增加骨密度。所以每天喝两杯牛奶,是累积骨本的好方法;维生素D是另一个令骨头强健的营养素,除了可以从牛奶和鲑鱼、鲔鱼等鱼类中获得外,每天晒10~15分钟太阳,人体便可以自行制造维生素D;矿物质锌是不能缺少的营养素,富含锌的食物有肉类、肝脏、海鲜(特别是牡蛎)、蛋及小麦胚芽等;铁质对生长发育也很重要,青春期男孩的缺铁率较高,所以男孩应该吃些瘦肉、动物肝脏、蛋黄或是深绿色蔬菜来摄取足够的铁质。

★ 运动有助于长高

不少人认为跳绳、打篮球等弹跳性的运动有助于长高,以医学

观点来看的确如此。根据研究发现,生长板受到过度的压迫会造成生长迟缓,但是适度且间断性的压缩或伸展生长板,却可以刺激它生长。所以想要长高的男孩,不能不做运动,尤其是一些弹跳性的运动。但是过度的重量训练如体操、举重反而会妨碍生长,建议在成长阶段最好能避免。

★ 保证充足的睡眠

人的成长主要受到生长激素的作用,而生长激素在夜间睡眠时分泌得特别旺盛,所以想要长高,千万不要熬夜而牺牲睡眠时间,尽可能在晚上11点前上床休息。

★ 及时疏导过大的压力

过大的压力会造成人体内分泌功能失调,使生长激素分泌不足,生长因此受到限制。另外,压力太大也会让胃肠道功能失常,不但胃口会变得不好,吸收能力也会变差,长期下来会导致营养不良,想长高就很困难。所以,男孩要及时疏导自己过大的压力,保持心情轻松、愉快。

给儿子的悄悄话

长胡子和长个子不存在必然的联系。

第三节　层出不穷的小烦恼

031

男孩的乳房也会发育吗

许多男孩可能不知道，青春期的时候，不仅女孩的乳房会发育，男孩的乳房也会发育！

★ 青春期男孩的乳房变化

男性的睾丸主要产生雄激素，但也会分泌一些雌激素，其含量当然是微乎其微的。当进入青春期时，由于下丘脑、垂体前叶的功能逐渐活跃起来，因此与性激素分泌功能直接有关的促性腺激素释放激素（下丘脑分泌）及促性腺激素（垂体前叶分泌）的含量均有明显上升，使部分男孩体内雌激素水平也一度上升。在雌激素的作用下，男孩的乳房也会有一段时期的发育。

青春期男孩的乳房发育不会像女孩那样发生剧烈变化，男孩乳房的变化是微妙的，例如，乳晕即乳头四周那一圈有色的肉，可能会变得更宽，颜色也更深；乳头也会变得稍大一些；有的男孩或许会注意到自己的乳房易受损伤或一碰就痛。

另外，值得一提的是，许多男孩会注意到自己的一侧或两侧乳头下有一个扁平的、像纽扣一样的肿块。如果你的身上长了这样的东西，一般来说，没有什么可担忧的。这不过是对身体分泌的一种新激素的反应而已，在每100个男孩中，有50~85个在度过青春期时乳房都会有某种程度的肿胀。某些男孩的这种乳房肿胀，要比其他男孩更为明显，这种肿胀可能会伴有疼痛感，但也不用担心，肿胀

持续一年至一年半时间左右,就会自行消失。

不过,如果乳房发育过度,甚至像女孩一样隆起,或是经过一年多仍未消退,反而有增大的趋势,则可能有内分泌或其他方面的病理情况,这时需到医院的内分泌专科门诊去检查。

★ 需要注意的饮食习惯

青春期的男孩应该注意自己的饮食结构是否合理,不要多吃洋快餐。

14岁的小军乳房丰满,竟如同少女一般。医生经过细问得知,小军从小就喜欢吃油炸食品,炸鸡、薯条等快餐几乎每天都吃。小军得的是"男乳女化症",病因就在于他的不良饮食习惯。油炸类食品中脂肪、胆固醇含量高,长期摄入导致小军肥胖,同时也影响了他的睾丸发育,导致雄激素分泌较少,造成血中睾酮与雌激素比例失调,最终导致乳房发育异常。

所以,男孩们要注意自己的饮食结构,合理饮食,少吃洋快餐,谨慎服用各种滋补品,避免发生类似事件。

给儿子的悄悄话

你的乳房感到肿胀是正常的变化,不用担心,因为在一年或一年半之后,这种肿胀就会消失得无影无踪。

为什么有些男孩的身高还不如女孩

青春期男女少年生长发育存在一定的性别差别,这个差异在身高上表现得非常明显。

在青春期以前,同年龄的男女儿童身材高矮相差无几。但由于进入青春期的年龄不同,因此生长突增的开始年龄也不同。一般说来,女孩生长突增的开始年龄比男孩早2年,在10岁左右,男孩的生长突增年龄为12岁左右。因此,11~13岁的女孩平均身高反而超过同龄的男孩。在生长速度高峰出现后约一年,女孩将有月经初潮到来,一旦月经来潮,身高的增长速度即明显减慢。

14~16岁,男孩的生长发育水平超过同年龄女孩,身高的增长速度明显加快,而且男孩停止生长的时间较晚,整个生长期较长,所以,男孩生长突增期间身高增长的幅度较大。这样一来,到青春期末,男孩的身高就明显超过同年龄的女孩。

女孩身高每年可增长5~7厘米,最多9~10厘米;男孩身高每年可增长7~9厘米,甚至10~12厘米。

除了身高上的差异外,青春期男孩女孩还有很多其他方面的差异。

★ **青春期男孩女孩的体重增长差异**

体重的增长主要反映的是骨骼、肌肉、脂肪以及各内脏器官等的综合增长。雄激素有明显的促进肌肉组织发育的功能,而雌激素有促进脂肪组织沉积的作用,青春期,由于男孩雄激素分泌较多,女孩雌激素分泌较多,所以,一般情况下,男生肌肉增长比女生多,而女生的脂肪增长相对较多。到成年时,男性肌肉重量约占体重的42%,女性仅约占36%;女性脂肪重量约占体重的28%,而男性仅约占18%。

★ **青春期男孩女孩心肺功能的差异**

肺活量(肺活量是指在最大吸气后作尽力呼气时所能呼出的气量,是表示呼吸功能的一个指标)随年龄增加而增大,在整个生长期中男孩始终大于女孩,而且差别越来越大。13岁时女孩肺活量约为男孩的92%,18岁以后女生肺活量只有男生的70%左右。

★ **青春期男孩女孩运动能力的差别**

如反映运动能力的指标50米跑、立定跳远、屈臂悬垂、仰卧起坐等男孩优于女孩。12岁前男孩各项指标略高于女孩;13~18岁期间,男女差别迅速扩大。但女孩在柔韧性、协调性以及平衡能力方面往往比男孩更具发展潜力。

给儿子的悄悄话

你的"矮"只是一时的,不用太着急!

教你几招"战痘"秘诀

青春痘通常从体内开始分泌性激素增多的青春期开始，11～14岁是男孩分泌男性激素的高潮，因此也是长青春痘的高潮。大颗大颗的痘痘长在脸上既影响形象，又影响心情。如果处理不当，反倒适得其反。教你几招"战痘"秘诀吧，帮助你打败青春痘！

★ 正确洗脸

洗脸的次数不是越多越好，因为频繁的洗脸在洗去油脂的同时也会使脸部的水分加速流失，反倒对皮肤有损害。男孩运动或外出回家后应该洗脸，将脸上的脏尘和油垢洗掉，保持脸部清洁、干爽，避免污物堵塞毛孔。洗脸时采用冷热交替法效果比较好。什么叫做冷热交替法呢？就是先用热水清洁肌肤，让毛孔扩张，那样容易洗去污物，清洁完后再用冷水洗一次让毛孔收缩，避免污渍侵入毛孔。至于护肤品，宜选用稀薄奶液状的，如果选择性质滋腻的化妆品无疑会雪上加霜。

★ 少用手去碰脸

没事不要用手去碰你的脸，因为手上不但容易携带细菌，还会因东西的触碰而刺激产生不必要的青春痘。更不要用手挤压痘痘，以免引起化脓发炎，脓疮破溃后形成瘢痕和色素沉着，影响美观。未经消毒的皮肤和手指、器械、不专业的手法、不正确的判断痘痘的程度，很容易在挤压痘痘的时候伤及真皮层，留下的凹洞（永久性的）和色斑是终身消除不去的遗憾。

★ 饮食清淡

饮食尽量清淡，多喝水，多吃蔬菜和水果，少油、少甜、少刺激,避免食用含有过多色素及人工香料的食物,以及含有咖啡因的食品,如浓茶、咖啡、可可、巧克力等(易激发油脂及内分泌不平衡,形成更严重的青春痘)。另外,不要酗酒、抽烟,不要任意进补,因为很多中药,如黄芪、桂枝、肉桂、枸杞子也是容易诱发青春痘的元凶。

不可以用手挤。

★ 注意生活细节

　　长青春痘的人要勤洗头,因为头皮的油性也容易造成头发与脸部相接处冒出痘痘;容易在嘴边长青春痘的男孩要留意牙膏的使用,因为牙膏中的氟化物容易诱发青春痘,你可以选择不含氟的牙膏,或是刷完牙一定要将嘴边残留的牙膏洗干净;避免按摩,以免刺激油脂分泌,更容易长痘痘;保持心情愉快、睡眠充足,避免肝火上升,造成内分泌失调;养成每日早起排便的习惯,多运动,作息正常,或是多喝酸奶来改变肠道的益菌生态;条件允许的话,最好使用一些专业的祛痘产品。

给儿子的悄悄话

　　谁都不想惹上"青春痘",但没有几个人是幸运的,养成良好的生活习惯是对抗青春痘的关键。

怎么一出汗，身上就臭臭的

很多爱运动的男孩非常苦恼：怎么一出汗，身上就臭臭的呢？

★ 汗液本来没有味道

人体分泌汗液的汗腺大抵可分为小汗腺和大汗腺两种：小汗腺分布全身，排出的水分只含少量的盐分及乳酸、尿素等；而大汗腺则是依附毛发而存在的汗腺，分布在腋窝、乳晕及阴部等部位，分泌出的汗液不仅气味浓，并且含蛋白质、脂质、脂肪酸、胆固醇及葡萄糖等多种成分。而汗是汗腺分泌的一种稀淡液，其中水分占了

99%，其余的是氯化钠、钾、硫及尿素等。

许多人都错以为出汗多便会产生臭味，但其实两者并无直接关系。实际上，汗本身并无气味，但当汗液与皮肤表面的细菌混合后便会产生臭味。身体的某些部位如腋窝、脚部及腹股沟等处，细菌容易积聚，汗腺亦较发达，故汗液较难蒸发，气味亦较浓烈。运动后，汗臭味会很明显，因为体表变得高温潮湿，为细菌提供了理想的繁殖环境。

★ 去除汗臭的方法

出汗对身体的健康有益，因为体内的废物及水分能随汗水排出体外，从而促进新陈代谢，同时亦能调节体温。但是，如果汗液造成了臭味，就要想方法来去除了，否则于人于己都会带来一定的烦恼。

第一，少吃引起肝热的食品。在常人身上，汗液中蛋白质与脂肪代谢产物很少，所以，无论细菌怎样兴风作浪，也不致产生过浓的汗臭。而肝热者的情况就大不相同了。由于体内积聚的湿热无法顺利通过消化和泌尿系统排出，只能借助汗腺这一通道，所以，汗液的成分就发生了很大的变化，各种有机物的含量大大增加，导致皮肤表面的细菌繁殖更强，产生恶臭。

从现代医学的角度看也是如此。肝脏是人体最大的消化腺，掌管着糖、脂肪和蛋白质三大物质的代谢。一旦功能受损，分解、运输、储存氨基酸和脂肪酸的能力便下降，血液中相关物质的含量便随之上升。而血液是汗液的直接源头，这样一来，相应成分的含量也就水涨船高了。所以，肝热者不仅汗臭较重，连内衣也易产生黄色汗渍。

男孩平时要注意日常的饮食，少吃引致肝热的食物，例如酒及煎炸辛辣的食物等，一些味道较浓烈的食物，如咖喱、大蒜及香料等，亦要避免。

　　第二，注重个人卫生。爱出汗的男孩要特别注意个人卫生，勤洗澡，勤换衣，穿着宽大透气的衣物，这样有利于汗液的快速排出以及臭味的挥发。

给儿子的悄悄话

　　汗臭味会带给你自己甚至旁人不愉快的感觉，影响个人形象。

不要动手拔鼻毛

鼻毛是一种特殊的毛发，是一种触觉的辅助感受器。有的青春期男孩鼻毛很长，经常动手拔，这样是不对的。

★ 鼻毛的功能

鼻毛是防止呼吸系统疾患的第一道防线，它的作用有四点。

第一，鼻毛可以阻挡空气中的灰尘、细菌等，使人体得以吸入过滤了的干净空气。同时鼻内纤毛的作用，还可使部分细菌随黏液进入胃内，用胃酸来杀死细菌。

第二，鼻毛可以保持鼻黏膜的温度，不使外界冷空气直接吸入气管，也可保持鼻黏膜湿润，有防止干燥性或萎缩性鼻炎，以及鼻出血的作用。

第三，鼻毛可维护嗅神经不受损害，使鼻子能闻出各种气味，并把食物的香味传给大脑，增进食欲。

第四，较大的异物，如小虫、草屑等进入鼻腔，鼻毛不但拦阻，还向神经系统传递信息，引起打喷嚏，把它们清除出来。

★ 修剪鼻毛的方法

修剪鼻毛主要有两个方法：一是剪鼻毛；二是拔除鼻毛。若拔除鼻毛，无疑是将鼻子的防卫自动解除，其结果是细菌、有害尘埃直接进入下呼吸道，引起下呼吸道的感染。此外，拔除鼻毛后，毛囊受损，细菌乘机侵入，可引起鼻疖发生。拔除鼻毛削弱了鼻腔防御疾病的能力。因此，修鼻毛提倡用"剪"，而不是"拔"。

第一，修理工具的清洁消毒。鼻腔黏膜是一个非常脆弱的部位，剪鼻毛过程中如果器具不干净带有细菌，容易使鼻道感染，稍

不小心就会损伤鼻前庭的皮肤或黏膜,造成出血,并将细菌直接引入伤口,引起鼻疖。因此在剪鼻毛之前,先把修理工具清洁消毒一下。

第二,选择在光线充足的地方进行。剪鼻毛应该尽量选择在光线充足的地方进行。这也考虑到鼻毛分岔和角度的问题。

第三,工具。剪鼻毛可以选择修眉剪和鼻毛修剪器。修眉剪体积小,外形小巧能够保证在鼻孔内游刃有余地操作,多余的鼻毛都可以轻松剔除。但是使用修眉剪来剪鼻毛要注意的是小心别被剪刀弄伤了。鼻毛修剪器安全实用,剪鼻毛的时候不会伤害鼻腔,能捕捉任何方向及长度的鼻毛,毛屑储藏盒可有效的储藏毛屑干净卫生。

给儿子的悄悄话

鼻毛,"小东西"有大作用!

老师叫一个上课睡觉的男生回答问题,该男生没有回答出来,正在窘迫时,后边的女孩悄悄地告诉他答案,但是声音大了点,还是让老师听见了。

于是老师说:"我知道每个成功的男人背后都有个默默无闻的女人,不过现在好像也早了点吧?"众人大笑。

第二篇
少年的情怀

理智面对青春期的悸动和懵懂

　　看过《红楼梦》的人都知道,宝玉从"太虚幻境"醒来,只觉一股潮湿黏液从下身流出,他羞红了脸,奇怪怎么会有这种"儿女"之事。其实,许多青春期男孩都会有类似的经历,男孩们对爱情的憧憬,对男女之事的幻想都是正常的,不需要过分焦虑,需要的是学习相关的知识,懂得理智地去面对。

第一章 别被爱情"打扰"了

第一节 早恋是朵带刺的玫瑰

036

青春期容易早恋的原因

有人把早恋比作一枚包着糖衣的苦果,这个比喻很贴切。早恋确实给许多涉世不深的青春期男孩女孩带来了难以言说的创伤和痛苦。那么,青春期的男孩陷入早恋有哪些原因呢?

★ 生理发育的影响

少男少女恋爱总是伴随生理的发育而产生的,青春期的男孩迎来了性成熟,第二性征开始显露,体内大量性激素的分泌,促使男孩性功能逐步成熟,容易产生性兴奋、性冲动,进而催化了男孩性意识和对异性的关注与渴望。

★ 心理因素的影响

男孩一些特殊的青春期心理也是导致早恋的原因。

第一,爱慕心理。男孩由于对女孩产生爱慕,导致早恋,比如大多数男孩看到貌美的女孩,都会有异样的情绪;看到女孩有某项自己崇尚的能力或专长而产生早恋;发现女孩有某些自己崇尚的品

性而产生早恋……

第二，好奇心理。男孩对异性留有的好奇心，往往会导致早恋现象的产生。随着性意识的不断发展，男孩会产生对异性身体、生活、心理和对自己态度的好奇，这是青春期青少年的一种心理现象。青春期男孩容易产生性冲动，从而对异性保持一种敏感的态度，为了满足这种好奇心，而结交异性朋友，若进一步发展，则很有可能变为早恋。

第三，从众心理。有的男孩会迫于周围同龄人的压力而发生早恋。例如本来不存在的恋爱关系，可能被周围的人杜撰出来，即"谣言"或者"绯闻"。在这样的环境下，迫于舆论的压力，很容易对其产生爱慕之心。

第四，补偿心理。一些男孩由于在学习生活中遭受挫折，使自己自尊遭到损害，为达到发泄目的，往往会找异性交往，在其中忘掉痛苦，以谋求补偿。这类早恋融入了真实的感情，容易发展深化。

★ 大众传媒的影响

随着大众传媒和传播的深入发展和普及,男孩获取了一些关于爱情和男女关系的信息。特别是近年来,文学艺术刊物、小说、歌曲及影视中爱情情节明显增多。这些爱情角色对男孩的心理产生了潜移默化的影响,有一定的心理暗示作用。加之男孩具有模仿的本能,加剧了早恋的发生。

★ 老师和家长教育不当

传统的观念使同学、家长和老师对异性交往问题的过敏和一味制止,加之男孩的逆反心理和处理事情的局限性,使得朦胧的异性意识变为早恋。

给儿子的悄悄话

早恋是一朵不结果实的花。

早恋的5个特点

早恋,按字面意思来理解,就是过早的恋爱。它为什么常常以失败告终呢?同时,它对男孩女孩的成长又有多大的影响呢?这些问题,当你明白了早恋特有的几个特点之后,就会明白了。

★ 朦胧性

男孩女孩对于早恋发展的结局并不明确,早恋的男孩女孩仅仅是渴望与异性单独接触,而对未来家庭的组建、处理恋爱和学业之间的关系、区别友谊和爱情等问题都缺乏明确的认识。这也是早恋多数夭折的原因之一。

★ 矛盾性

早恋的男孩女孩内心充满了矛盾,既想和其喜欢的异性接触,又害怕被父母发现。可以说早恋的过程中愉快和痛苦是并存的。

还有的少男少女在初涉爱河时，因为对生理、心理变化困惑不解，产生的不是欢乐愉快而是羞涩不安、不知所措，内心充满矛盾和痛苦。对于暗恋的早恋者而言，这种矛盾性还表现在是否向爱慕者宣示爱意（表白）的矛盾上。长期的内心矛盾的煎熬，给男孩女孩的成长会带来很大的负面影响。

★ 变异性

友情是充满变化、极不稳定的，因为青少年往往欠缺处理人际关系的技巧及经历，导致双方缺乏互信；关系一般都难以持久。正是这样，常常给双方的心理带来痛苦。

★ 痴迷性

早恋的男孩女孩，被对方的生理、心理素质及表现出的整体气质所吸引、所征服，产生如痴如醉的迷恋之情，"一日不见，如隔三秋"。特别乐意与对方在一起，相互眉目传情，感到有许多话要说。觉得生活美好、视野开阔、心潮澎湃、心情舒畅愉快，产生爱屋及乌的"移情效应"，再加上青少年人生阅历浅薄，更容易痴迷，丧失理智。

★ 差异性

青春期的早恋行为与成年人的恋爱有明显的差异。

第一，行为方式。早恋在行为方式上极其隐蔽，通过书信、电话或者网络等传递感情，进行秘密的私下沟通和感情交流，家长和老师难以发现。

第二，恋爱程度。大多数早恋者还主要是交流感情，或者一起玩耍；从人际关系上看，一般没有超出正常的朋友关系。当然，也不排除有的早恋者关系发展得很深，除了交流感情外，有时甚至发生性关系。

第三，对象选择。在对象的选择上，女孩通常喜欢比自己年龄大、比较成熟的男孩,而男孩则通常喜欢比自己年龄小的女孩,以在交往中体现自己的阳刚之气。这是由于青春期男孩女孩的思想局限造成的。

给儿子的悄悄话

恋爱的甜蜜你能享受,但是恋爱的责任你是承担不起的,因为你还没到那个年龄。

哪些男孩更容易早恋

进入青春期之后，男孩随着性生理的成熟，或多或少、或早或晚都会对异性产生好感和爱慕，但为什么现实中只有一小部分男孩会发生青春期恋爱呢？撇开外部因素，从青少年自身来看，哪些男孩更容易坠入情网呢？

★ 相貌出众的男孩

青春期恋爱常常是建立在相互吸引的基础之上的，而外表对青少年来说是产生好感的一个主要条件，第一印象好就会有更多的交往。同时，青少年由于心智发展不成熟，容易被漂亮的外表所迷惑。那些外表平平的男孩虽然也很优秀，但由于缺少吸引力，较少得到异性的青睐，因而无法在异性面前充分展示内在品质，也就较少获得恋爱的机会。

★ 有特长、有才华的男孩

有些男孩由于有特长、有才华，因此常常能在众多少男少女中脱颖而出。他们或者学习成绩优异，或者吹拉弹唱样样拿得起放得下，或者能在运动场上叱咤风云。这些特长和才华常引起异性的关注，因此这样的男孩成为异性追求的目标，同时，这些特长和才华也成为他们自己追求异性的有利条件。

★ 学习成绩差的男孩

在以学习成绩作为重要甚至是唯一评价标准的教育背景下，成绩差的男孩完全被边缘化，他们不被老师和同学尊重，社会地位低，从未体验过学习上的成功感，因此他们自己也对学习没有兴趣与信心，不会也无法把精力放在学习上，于是，他们便把无处打发的精力和时间用于爱情,通过恋爱来弥补感情上的空虚,从恋人那里获得尊重和自信。

★ **虚荣心强、性格软弱的男孩**

虚荣心强的男孩乐于接受异性的殷勤、赞美以及小恩小惠,甚至觉得自己特别"有面子";性格软弱的男孩则抵抗不了诱惑,很容易陷入早恋的泥沼。

> 他篮球打得真好啊!

★ **成长环境不好的男孩**

不好的环境首先是家庭环境。父母感情破裂、离婚,或者家长外出打工、经商,都会使男孩缺少家庭温暖和爱护,因此他们孤独寂寞,于是渴望得到他人的温暖,而异性的抚慰可以弥补他们的心灵空缺,所以他们容易发生青春期恋爱。此外,如果男孩在社会上结交了一些不良伙伴,在这些伙伴的教唆和影响下,也会发生青春期恋爱。

给儿子的悄悄话

正视自己性格的弱点,别轻易被"爱情"蛊惑。

早恋的负面影响

由于受到家庭、学校和社会的严厉打压,早恋的男孩各方面都有很大的压力与矛盾,对自己的身心发展会产生很多负面的影响。

★ 身体上的影响

由于很多男孩早恋后情绪不稳定,好冲动、易动感情、自控力较差,常常会产生各种影响身体健康的不良情绪。这会导致一系列身体不适,久而久之,有可能会出现消化道病症、低血糖等症状。

★ 学习上的影响

由于早恋,不少优秀男孩荒废了自己的学业。早恋的男孩中有不少成绩优秀、出类拔萃者,但因为早恋,使他们过分好奇、兴奋、痴迷,过分沉醉于爱的幻想中,再无法全身心地投入学习。其实,学习犹如逆水行舟,不进则退,一个学生每天同时学几门功课,即使很用功的学生也没有把握一定能取得优异的成绩。倘若谈情说爱,彼此情意绵绵,心猿意马,怎么能将功课学好?

★ 人际关系上的影响

早恋的男孩热衷于单独与恋人在一起,为避人耳目,常常会找一些没有熟人、僻静的曲径幽巷,与恋人相依相偎,讨厌别人的干扰。长此以往,这种二人世界会使男孩逐渐脱离大众,减少了与班级多数同学的正常交往,与集体和同学逐渐疏远,把自己推到了孤立的位置上去。

★ 可能促成越轨行为

青少年容易冲动、自我控制能力差。因此许多热恋中的少男少女不能控制自己的感情而过早地发生两性关系。这是早恋造成的对双方身心最严重的损害。

★ 可能导致犯罪

早恋的男孩一般年轻气盛,对一些事件十分敏感。特别是在女朋友面前,面对一些让自己"吃醋"的行为恼羞成怒,对一些人大打出手,造成违法犯罪。另一种情况是,由于父母的不支持,谈恋爱的金钱花销无法取得,许多男孩便会产生偷和抢的念头,这是早恋对社会最严重的危害。

当然,不可否认的是:在一些情况下,早恋也有其益处,这种观点普遍存在于学生中。一些学生认为早恋者常会在成绩上互相追赶,以取得对方愉悦与偏爱,使得成绩上升;也有因为对某人有爱慕之心,投其所好,在生活中处处约束自己,以被爱慕者的标准作为生活的准绳,使得原本一些不良的性格和习惯得到改正。但是,这些益处对于弊端来说,是微不足道的,所以,青春期男孩要慎重,不要轻易陷入早恋的泥沼。

给儿子的悄悄话

凡事都有利有弊,对于弊端明显大于益处的事情,还是不做为妙。

040

如何应对异性的好感

两性间的情感能装点生活,充实心灵,使多彩的青春更添一些梦幻般的诗韵。然而,爱情又像一团火,在净化人的心灵的同时,也有可能把人的心烧伤。当有女孩向你表示好感时,男孩应该怎样来正确处理呢?

★ 将恋情暂时"冻结"起来

处理这类事情的最好办法是将这份好感暂时"冻结"起来,既不让它泛滥,也不是硬性地终止。

杰各方面都很优秀,长得高大俊秀,喜欢打篮球,成绩也非常不错,婷婷对杰非常有好感。他们都在校学生会工作,接触的机会多了,杰发现婷婷是个很优秀的女孩,性格开朗,多才多艺,各方面都很突出。一次,婷婷邀杰在体育场见面,隐晦地说了自己对他的爱慕,杰没有说话,聊了会儿工作和学习之后,找借口走了。杰对婷婷也是有好感的,但他知道自己和婷婷正处在学习的关键时期,所以打算把这份感情"冻结"起来,并没有对婷婷有什么回应。两人现在是不错的朋友,互相鼓励,互相欣赏,互相督促。

一份不应该有的感情,如果男孩不知道如何拒绝,那么就把它"冻结"起来吧!

★ 将早恋转变成友谊

阿飞和晓梦是同桌,他们两人有着若有若无的朦胧感情,就在全班风传他们"谈恋爱"的时候,阿飞意识到自己不能这样下去了，早恋的危害老师和父母早就三令五申，可是自己该怎么做呢？当晓梦问阿飞难题的时候，阿飞没有像原来一样为她解答，而是让会的同学帮忙；当晓梦在体育课后递给阿飞矿泉水的时候，阿飞以前会接过，可是现在他会笑着说"我自己有"；不过，在晓梦生日的时候，阿飞不会忘记给她生日礼物，当然，不是他一个人，他会同时叫上很多男孩女孩一起，大家一起给晓梦送礼物……慢慢地，晓梦和阿飞将朦胧的感情转化为了深厚的友谊。

男孩在面对异性的好感时，要注意分寸的把握，不要单独与异性接触，也不要对异性表现出特别的关心，只需要做到同学、朋友之间该做的就可以了，这样就能把异性的好感转化为友谊，同时也不给异性带来伤害。

给儿子的悄悄话

做任何事情，分寸很重要。

怎样结束早恋

处在青春期的男孩，在与异性形成亲密朋友关系的同时，由于性的萌动而导致对异性的关注和恋爱的感情，而且，这种关注会不断增强，形成早恋。许多男孩知道早恋是不好的，可是不知道如何结束，你可以参考下面的建议。

★ 斩断恋情

正如建立恋爱需要两厢情愿一样，结束早恋也应是双方同意，这样才能不留后患。男孩主动提出结束早恋时要用坚定的意志，果断而恰当的方法，斩断恋情。

> 小高17岁，性格内向，自上高二以来，就与同班一女生产生了一种朦胧的情感，两人谈起了恋爱。此后，小高每天学习心不在焉，目光不受控制地追逐女孩的身影，不管女孩在教室的任何一个角落，他都能感受到她的存在。不久，小高的成绩急转直下。这时，小高意识到这样下去不行，于是找女孩谈话，结束感情，两人约定，一起努力考上同一所大学，然后再谈恋爱。

小高是正确的，结束是最好的选择，而结束也不一定要"一拍两散"，使双方成为冤家。男孩可以与对方在适当的地方，在理智的情况下作深入的交流，谈话中，你要首先肯定对方在恋爱过程中对自己的爱护、帮助和关怀，然后告诉对方早恋的危害和学习的重要性，劝其把爱情之火熄灭，把爱的种子珍藏在心底，把精力用在自己的学业和个性完善上。也可用书信的方式，因为书信比面谈有更大的缓冲余地，措词也能更冷静、得体，但不管用什么方式，都要防止引起对方的误会，以能尽快使对方心悦诚服为目的。

★ 中断往来

从结束早恋的限度来说，男女同学间的友谊、好感都是正常的感情，只要把恋爱退回到好感或友谊，早恋也就结束了。但是，由于恋爱所唤起情感是强烈的，而男孩女孩的理智和抑制力相当有限，所

以，要结束早恋，男孩就要尽量避免两人单独在一起，暂时中止感情交流的一切渠道。经过感情的一段冻结过程，使理智对感情的控制成为习惯以后，再恢复正常交往，感情之树才不会故态复萌。

★ 转移情感

男孩结束早恋，可以把时间和精力转移到紧张的学习和健康的课余爱好上去。多关心国家大事，多参加集体活动，多谈一些文学名著、哲理文章，多想想自己的进步，想想将来的事业，想想将来在复杂的社会里如何开拓和进取。这样，心胸和视野就会开阔，抱负就会远大，失恋的情绪也会消失不见。

> **给儿子的悄悄话**
>
> 有时候，结束是更好的开始。

第二节　究竟什么是爱情

042

是友谊，还是爱情？

什么是友谊，什么是爱情，有时候，很多大人都无法说清两者的区别，青春期的男孩女孩更是迷惑！再加上性意识的发展，男孩女孩对异性充满好奇，敏感度极高，更容易把友谊当成爱情！那么，如何才能简单有效地识别友谊和爱情呢？明白两者各自最突出的特点是最好的方法。

★ 友谊的特点

友谊是同学或朋友之间在相互了解和信赖的基础上，形成的一种亲密、平等和友好的情谊关系。它是沟通人们心灵的桥梁，是人们在社会生活上获得理解、肯定的情感需要，是人们精神生活的重要组成部分。

友谊具有以下特点。

第一，广泛性。即友谊不受性别、年龄、职业以及朋友数量方面的限制。

第二，随和性。一般而言，友谊也是交往双方在自愿的基础上建立起来的。但是，有时候为了集体和他人的利益，交往双方并不完全出于自愿，而是在原则的基础上求大同存小异，或者作出一些妥协和让步，以保持友谊不破裂。因此，友谊具有随和性的特点。

第三，阶段性。友谊可因环境、工作、思想意识和兴趣等方面的变化而变化，或者随时可以中断，因此具有阶段性的特点。

第四,公开性。友谊是情感的交流,相互的切磋,相互的学习和帮助,不限于一对男女之间,不必有意回避他人,因此具有公开性的特点。

★ *爱情的特点*

爱情比友谊具有更高的层次,两者有明显的不同。友谊的支柱是理解,爱情的支柱是感情。爱情具有以下特点。

第一,排他性和专一性。爱情只能发生在一对互相爱慕、互相钟情的男女之间,不容许有第三者介入,具有排他性和专一性的特点。

第二,自主性。爱情是以当事人双方互爱为前提的,是不能强求的。甲爱上了乙,乙也同样爱上了甲,这样互爱的关系才是爱情。不能因为自己爱对方,对方也必须爱自己,所以爱情具有自主性。

第三,持久性。爱情与友谊不同。爱情所包含的感情和义务因素，不但存在于婚前的整个恋爱过程，而且也存在于婚后夫妻生活和家庭生活之中。没有牢固的爱情基础和缺乏持久性的爱情，都是不幸福的。

第四，隐秘性。由于爱情具有排他性的特点，爱情的表露仅在相爱的男女双方之间进行。亲昵的语言、情感的交流和互爱的行为，大都有意避开他人，具有较强的隐秘性。

给儿子的悄悄话

爱情和友谊是双胞胎，有相似处，却又截然不同。

网恋，无言的结局

随着互联网的发展，网络化爱情"网恋"也应运而生。网恋既虚幻又浪漫，似乎能给生活增添不少绚丽的色彩，于是，许多青春期男孩女孩都深陷其中，然而，他们的爱情却大都是以失败告终，这是为什么呢？

处在青春期的男孩女孩判断能力较差，网络世界毕竟是虚拟世界，对方的容貌、年龄、身份、性格、兴趣爱好可能都会与现实有出入，当虚假的面纱被揭开时，网恋就脆弱得不堪一击。

在少男少女中，不少人明知道网恋是不可信的，成功率很低，可还是"前仆后继"地陷入网恋，这是为什么呢？

★ 好奇心的驱使

青春期男孩女孩的好奇心特别强，对新奇事物有一种本能的接近和探究的渴望。网络世界是一个全新的世界，同时又是一个虚拟的世界。这种通过敲击键盘产生恋情的新的恋爱形式，其本身就有较强的神秘性和吸引力，再加上各种媒体对网恋或褒或贬的报道，更激发了对爱情充满憧憬与渴望的青春期男孩女孩的好奇心和探究欲。

★ 性成熟的心理需要

青春期男孩女孩正处在身体生长发育的第二个高峰期，身高、体重迅速增长，性器官明显发育并出现第二性征。女子初潮和男子第一次遗精的出现，意味着男孩女孩已进入性成熟期，性意识会迅猛觉醒，开始对异性产生好奇心和神秘感，有了接近异性、了解异性的愿望和需要，甚至对异性产生爱慕。

当男孩女孩开始探索和尝试相恋的奥秘和甜美时，由于学校对男孩女孩恋爱的各种禁令及家长的约束，使男孩女孩在恋爱的问题上多了一些渴望，少了一些行动。而网络的虚拟性所提供的隐蔽而安全的环境，无疑为男孩女孩驰骋自己的爱情幻想提供了良好的场所。

★ 排遣孤独与寂寞的心理需要

许多青春期男孩女孩都是独生子女，没有兄弟姐妹的陪伴，有的只是父母的说教和无尽的爱。随着年龄的增长，男孩女孩与父母共同语言越来越少，而许多父母为了生计，在激烈竞争的现实面前已无暇顾及子女的教育，男孩女孩难得与父母谈心，甚至见面也很难，而学校对男孩女孩的关心则侧重于学业而非情感，这样伴随男孩女孩的必然是内心的孤独、寂寞。上网聊天便成了男孩女孩解除寂寞和孤独的途径。

网上自由宽松的环境，可以让男孩女孩尽情倾诉，如果网友是异性，日久便会生情，发展为网恋。

给儿子的悄悄话

海市蜃楼般的爱情，终究会消失。

爱情需要男孩有能力负责任

爱情，作为人类情感中最复杂、最微妙、最敏感、也是最浪漫的一种，是个古老、长新、永恒而不变的话题。正值青春年少的男孩们向往爱情，甚至有一些男孩与女孩已经在校园里演绎起了爱情。可是，校园爱情修成正果的少之又少，这是因为爱情是需要负责任的，青春期的男孩并不具备这一能力。

★ 经济上不独立

恋爱不仅需要时间、精力，同时还需要一定的物质基础。青春期恋爱和成年人恋爱相比，具有纯洁性的特点，相爱的少男少女基本上不会考虑金钱和物质条件。但和成年人恋爱相似，少男少女也会约会，也会娱乐，也需要一定的物质条件。但青春期男孩尚在求学阶段，在经济上主要依赖父母或他人，自己还不能自立，根本不可能承担恋爱的费用。何况，爱一个人就要使所爱的人幸福，爱就意味着责任和力量，但一个连自己都还无法养活的人，怎么承担得起养家糊口的责任呢？所以，

从这个角度看，青春期男孩确实没有条件也没有资格谈恋爱。

★ 心理上不成熟

青少年的心理发展是滞后于生理发育的。虽然青春期男孩的自我意识发展较快，但往往以自我为中心，缺乏责任感和包容感，不能很好地与对方相处。青春期男孩由于活动范围的扩大，虽然交际能力提升较快，但独生子女的身份，使男孩"爱"的能力相对欠缺。在情感发展方面，男孩好冲动，易转移；而在意志发展方面，男孩的自制力较差。所以，青春期男孩在恋爱时极易感情用事，恋爱关系极易破裂，而且一旦控制不住性冲动极易越轨，这对青少年特别是女孩来说都是很大的伤害，所造成的生理损伤和心理创伤有的甚至是终身无法弥补的。尽管失败的恋爱同样也能促进青少年的心理成长和成熟，但这毕竟是要付出代价的，对于大部分青少年来说，这个代价可能太大了。

★ 思想上尚未定型

青春期少男少女正处在人生观、世界观形成阶段，对世界、对社会、对人生的看法还较幼稚、片面，个人的思想、道德品质在今后的人生道路上还会有很大变化，对爱情的理解也还很肤浅，不懂得真正的爱情应该是什么样的，什么样的异性适合自己。所以许多青春期男孩的恋爱具有盲目性和不稳定性的特点，今后的变数极大。

给儿子的悄悄话

爱情是一种坚守，更是一种责任。

青春期的爱情三角理论

社会心理学的"爱情三角理论"认为,所有爱情体验都是由激情、亲密和承诺三大要素所构成的。激情指情绪上的着迷和生理上的契合;亲密是心理上互相喜欢的感觉,包括赞赏、自我表露和内心沟通;承诺指内心或口头对爱的预期,是爱情中最理性的成分。那么,在青春期,"爱情三角理论"有什么特点呢?

★ 激情——无法自制

许多男孩在陷入青春期爱情的时候,自以为能控制自己的感情,但深陷其中之后才发现自己完全是失控的。

无法自制的激情为少男少女带来了许多烦恼。目前,由于各种原因,少男少女们得到的性知识非常匮乏,许多人只好在网络中去寻找,而网络是鱼龙混杂的。大量的负面信息,往往会让男孩女孩做出错误的选择和决定,影响一生。

★ 亲密——光环效应

陷入爱情的男孩女孩，总是会在自己心中构建一个完美形象，无意中把许多优点自然加在对方身上而产生"光环效应"。心理学意义上的光环效应又称晕轮效应，它是一种影响人际知觉的因素。这种爱屋及乌的强烈知觉的品质或特点，就像月晕的光环一样，向周围弥漫、扩散。"光环效应"只会让男孩女孩眩晕于对方的闪光部分（即优点），而性格中的许多弱点却暂时被淡化或掩蔽了。这种认知上的片面性使得男孩女孩在恋爱初期就埋下了"失察"的隐患。

★ 承诺——遥遥无期

爱情是需要承诺的，可是即使青春期恋爱双方都向彼此许下了承诺，但都显得那么的苍白无力！当少男少女轰轰烈烈地进行恋爱时，他们在享受二人世界的同时，也不得不顾及周围人的感受。除了同学会保持相对宽容外，在社会的支持系统里很难找到坚挺的力量。老师、家长大都是"青春期恋爱"的质疑者，在一片反对声中，是选择坚持，还是选择放弃？恐怕能够坚持承诺的实在是少数。

给儿子的悄悄话

学会等待，让青春的花蕾在恰当的时节绽放，终有硕果满枝头的一天……

第二章 大大方方面对"性"

第一节 男孩需要知道的性知识

宝宝是怎么诞生的

人的生命真的非常奇妙,通过男性体内的精子和女性体内的卵子相结合,一个新的生命就诞生了!

★ 精子

精子形似蝌蚪,男性一次射精可以排出几亿个精子,可是这些精子大部分在女性生殖道的酸性环境中失去活力而死亡。一般来说,精子在阴道里的寿命不超过8小时,仅仅只有一小部分精子脱险并继续向前进。当精子争先恐后地上行到达子宫腔内时,其数量只为射精时的1%~5%,这是为什么呢?因为射精时留存在精液中的精子,可以得到精液里大量果糖和分解糖的酶的保护,当精子进入子宫腔后就离开了精液,其生存条件远远不如在精液之中,因此寿命也就大为缩短,质量差的精子运行较慢、不能很快到达宫腔,也就失去了活力。经过道道关卡,最终能够到达输卵管受精部位的精子也就所剩无几了。然而,精子只要进入输卵管内,就具有很强的受精能力。当然，最后仅有1~2个精子有幸能与卵子结合，其余的精子则在24~36个小时内先后死亡。

★ 卵子

卵子是球形的，有一个核，由卵黄膜包被着，是由女性性腺——卵巢产生的。青春期时，女性的脑垂体通知卵巢开始排出卵子，以后每月就会定期排卵。女性一个月排出一个卵子，一个卵子排出后约可存活48小时，在这48小时内等待着与精子相遇、结合。若卵子排出后由于多种原因不能与精子相遇形成受精卵，便在48~72小时后自然死亡。失去这次受精的机会，就要等到1个月后另一个卵子成熟并被排出，重复同样的过程。

★ 受精

人体在接近性高潮时，每个部位都在焦急等待。当达到高潮时，男性会阴部肌肉剧烈收缩，将精液推入女性体内。女性身体也在努力帮助精子进入体内。高潮时肌肉收缩有助精子进入子宫，阴道与子宫交接处的子宫颈也不断渗出液体，形成一个池子让精子在此等候，在输卵管皱褶深处的卵子正发出化学讯号吸引它们。那些

活泼、健壮的精子快速游向卵子，在几分钟、几小时后，精子们终于发现目的地。最后，不断挖掘卵壁的精子有一个成功进入卵子，精子和卵子的基因结合形成受精卵，发育胚胎，最后成型。这就是受精的过程，也是孕育新生命的过程。

给儿子的悄悄话

生命是伟大的，神奇的，让人惊叹的！

别为性梦而苦恼

你曾做过性梦吗？你曾为性梦而苦恼吗？其实，这是青春期男孩常出现的一种正常现象，你不必为此而苦恼和自责。

陆涛高中时，曾与同学一起观看一部反映爱情生活的故事片，看到片中男女主人公拥抱接吻的镜头时，浑身感到躁动不安，发现自己下身的"那个"也慢慢地挺起来。当时感觉脸发热，内心有一种羞愧感。看完电影后，也不好意思和同学谈论片中的感受。

当天晚上，睡觉中陆涛做了一个类似于录像情节的梦，梦见了自己与一个漂亮女孩接吻、拥抱，还把"她"抱上了床……正在这个时候，似乎父亲进了陆涛的房间，陆涛吓了一跳被惊醒，发觉内裤上一摊湿漉漉、黏糊糊的东西。

后来陆涛又经常出现类似的梦，他感到恐惧、焦虑，感到自己"好色"、"不正经"。

关于性爱的梦，即性梦，男孩进入青春期以后，在梦中会出现与性内容有关的梦境，比如在梦中与异性嬉戏交欢，发生性行为，如亲吻、抚摸、拥抱、性交等。性梦中可以伴有遗精、性兴奋等现象。

★ 性梦的缘由

性梦是青春期自慰行为的一种，可使当事人的性冲动得以满足和缓解，属于一种正常的性心理现象。一般认为与性激素达到一定水平和睡眠中性器官受到内外刺激及潜意识的性本能活动有关。

心理学家认为，青春期少男少女们对异性会产生兴趣，并产生

对性的渴求。可是，处于青春期的男女，这种性渴求不会马上得到满足，于是在潜意识的作用下，在梦中实现这种需要。正如英国心理学家弗·摩尔所说的，性在日常心理活动中占有很重要的地位，也构成了潜意识记忆和印象的很大一部分，因此就会产生性想象与梦的结合体——性梦。

★ **男孩女孩都有性梦**

性梦的发生频率男孩多于女孩，男孩发生于青春初期，女孩多发生于青春后期，很少在青春初期发生清晰的性梦。男孩的性梦常发生射精，一般而言，梦境越生动逼真，肉体的快感越强烈，醒后越感到轻松。有时，在性梦时没有射精，等到醒后才射精，有时在半醒状态下出现射精。

不过，需要男孩注意的是，如果你的性梦过于频繁，则需要看心理医生，找出问题所在。

给儿子的悄悄话

性梦是性成熟后出现的正常的心理、生理现象，许多男孩都有与你同样的经历。

048

正确看待性幻想

性幻想是人类最常见的性现象,性学研究表明,几乎所有的人都存在程度不同、内容不一的性幻想。青春期男孩应该怎么对待性幻想呢?

★ **不必焦虑、自责**

性幻想是性成熟过程中的一种正常的性生理、性心理现象,它是青春期心理需求的合理宣泄,没有什么不良作用。但有不少人因为受传统性观念的影响,认为性幻想是罪恶的,是自己的品质有问题,而为此烦恼。

> 林丛是一名男孩,今年16岁。近一段时间以来,为一个问题很痛苦。林丛发现自己在看到漂亮的异性时或看到影视作品中的异性形象时,心里会特别兴奋,全身会有一种发热的感觉。有时在睡前会想入非非,脑子里不由自主地出现一些带"色"的念头,如与某一漂亮的异性谈情说爱、拥抱、接吻甚至发生性关系。虽然这些都是想象的,但总感到兴奋,而且常常激起性冲动,甚至出现射精。林丛对此讳莫如深,不敢向同学和家人提起,担心被人看成是肮脏下流的人,以至见了女同学也不敢正视她们,总是低着头。林丛常有一种自责、自罪的感觉,而且经常失眠、焦虑不安。

其实,青春期男孩大不必自责、焦虑,性幻想只是一种想象而已,只要把幻想与现实分开,性幻想不会对自己和他人造成任何危害,毕竟想象某事与实际去做是有很大区别的。性学的研究表明,

性幻想越是离奇，越是虚幻，它的不良影响就越小。

因此，只要男孩把性幻想控制在大脑中，而不是付诸行动，那任何关于性幻想是不正常、不健康的说法都是毫无根据的。当然，如果性幻想异常频繁地出现或被个体看做是异常时，就有可能构成心理上的问题。

★ **性幻想是一种合理的宣泄**

青春期的男孩处于性意识发展的阶段，男女之间存在着强烈的吸引，本应通过适当的异性交往，满足对异性恋的渴求，可是大多数男孩受传统性观念和家庭教育的影响，人为地压抑了自己的合理需求，主动回避与女孩的接触，所以很多时候反而会以性幻想的形式表达自己内心的欲望。比如，会把曾经在电影、电视、杂志、文艺书籍中看到过的情爱镜头和片段，经过重新组合，虚构出自己与爱慕的异性在一起。在进入角色之后，还伴有相应的情绪反应，可能激动万分，也可能伤心落泪。这种性幻想青春期是大量存在的，是正常的、自然的。

> **给儿子的悄悄话**
>
> 性幻想是一种普遍的心理现象，通常是无害甚或有益的。

如何控制本能的性冲动

在少男少女中,发生性冲动的情况,男孩子比女孩子的比例高得多得多。那么,你应该如何理智面对自己的性冲动呢?

★ 了解性冲动

性冲动之所以发生,很大程度上是由于男孩身体里性激素加速分泌的结果。从生物学角度来说,性冲动是一种生理现象,它往往是通过两种途径诱发的。

第一,由视觉、听觉、嗅觉、触觉、味觉刺激大脑的思维所引起。每当男孩听到会激发性兴奋的语言信号,看到、触到异性的性感部位,闻到异性身体上的刺激气息或者脑子里想到有关性的问题,都会通过大脑支配脊髓中的性中枢而引起性冲动。

第二,由性器官直接受到刺激而引起。性器官受到刺激后,交感神经会将信号传到大脑的性中枢,引起性器官充血,从而产生反射性性冲动。

★ 几个小方法帮助你控制性冲动

第一,转移注意力。你是否会特别留意身边女孩性敏感的部位,又或者是否经常与同伴一起谈论性的话题,总爱看和性有关的黄色书籍和影片呢?如果回答是肯定的,那么你最好立即"刹车",积极投身于集体生活。比如多参加一些体育活动、文娱活动、知识竞赛活动,多观看一些健康的影视节目,特别是与性距离较远或不沾边的节目,如足球赛等,以转移自己的注意力,转变大脑中枢神经的兴奋中心。

第二,注重自制力的培养。人不是超凡脱俗的神仙,也不是在

桃花源中生活，不可能毫无欲念。但人的冲动是受道德约束的，人的意志完全可以战胜人体本能的欲望，加强自制力锻炼就能克制住欲望。所以，你在日常生活中可以有意识地多锻炼自己的自制力，比如延迟满足自己的要求，为自己建立一套行之有效、持之以恒的行为准则等。

第三，培养良好的生活习惯。一些良好的生活习惯对控制性冲动起着积极的作用：养成规律的作息习惯，每天按时睡觉，按时起床，这样上床后就不会花长时间胡思乱想，能够尽快入睡；还要注意外生殖器的清洁，避免不洁之物刺激生殖器官；内衣裤要宽松，睡觉时最好不要采用俯卧姿势，以免对外生殖器的压迫和摩擦引起性冲动。

给儿子的悄悄话

性冲动是人的一种本能反应，它并不是一件多么不正常，多么让人无地自容的事情。而且，人的意志完全可以战胜人体本能的欲望，相信你能做得很好！

不要走上性罪错的道路

青春期男孩随着性生理和性心理的发育，性的需要开始增强，但性认识、性道德和性约束能力还不成熟，这时在不良外界因素的影响下，有些男孩会做出违反道德，甚至违反法律的性行为，这就是性罪错。

★ 男孩产生性罪错的原因

男孩产生性罪错的原因有以下几个方面。

第一，性猎奇心理和尝试心理。青春期伴随性生理的发育，有些男孩由于性知识的缺乏，传统观念的禁锢，对性产生了神秘感和好奇心，在这种猎奇心理和尝试心理的推动下，男孩往往会做错事情。

第二，性观念上的开放性。伴随社会的开放，性自由、性开放观念逐渐传播，传统的性道德观念受到冲击，一部分男孩的心灵受其影响，对自身的行为不加约束，反而认为是一种"勇敢"。

第三，不良社会环境的影响。不能否认，现代青少年性罪错的数量增加，发生年龄越来越低龄化，不良的传播媒介从中起到了推波助澜的作用。调查表明，发生性罪错的青少年传阅黄色淫秽读物的比较多，受社会、影视以及文艺作品中性情节的描述影响比较深。

第四，不良的个性特点。发生性罪错的男孩在个性方面存在以下缺陷：享乐主义、虚荣、自我控制力差、道德意识低、容易受外界的影响、情绪不稳定、情绪性强等。

★ 性罪错对青春期男孩的危害

性罪错对青春期男孩的危害很大，最显著的一点是容易堕落。

3年前,李强请一位外班的女孩莉莉帮助他们排舞蹈,莉莉答应后到李强家取乐谱,当时李强家里没人。李强哼谱莉莉跳舞,看着莉莉的舞姿,李强的体内好像有一股什么冲动。跑上去和她一起跳了起来,后来他们都陶醉了,发生了不该发生的事。

从那以后,李强越来越想获得那么一种快感。他又和班上一个女生恋爱了,也发生了同样的事,几个月后他们分手了,李强同另外一个女同学又恋爱了,在女孩半情愿半不情愿的情况下,又与她发生了关系。

性罪错容易让男孩失去控制,许多男孩"随便"跟好几个女孩发生性关系的现象,就是这样造成的。为了避免走上性罪错的道路,男孩应该不断加强自我修养,在与异性接触中做到自珍、自重、自爱、自强。

给儿子的悄悄话

牢固地筑起自己的心理防线,自珍、自重、自爱、自强!

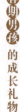

第二节 理性面对性自慰行为

051

适度的自慰并无坏处

性自慰又叫做手淫,从狭义上讲,是指用手来抚摩、刺激自己的外生殖器,使心理上得到满足,达到性自慰的一种现象。从广义上来讲,任何方式的自我与互相间的抚摩刺激生殖器及其他敏感部位以求性快感和性的行为,都可以视为手淫。手淫是性冲动时自我发泄性欲的举动。

★ **适度手淫对身体无害**

人渴了,要喝水;人饿了,要吃饭。正常的性欲是人类繁衍后代最基本的要求,是很正常的现象。人从青春期的性成熟到能够合法地满足性要求——结婚,一般要等待7～8年或更久。而这段时间的性需求往往最高,总要寻找机会解除积压的性欲。因此,在这种情况下自慰是最方便安全的办法。首先,自慰不会传染任何性病;其次,自慰也不会涉及他人,或卷入感情纠葛;第三,自慰不会导致性

攻击甚至性犯罪的发生。所以是一种合理的释放性欲的方式，同时也能够避免一部分因性问题而引起的道德问题和社会问题。

自慰多发生于青春期青少年中，而且相当普遍。青春期少男少女的自慰是伴随正常的性发育而产生的性活动。据调查，青春期的男孩大部分都有过手淫行为，但到了成年期，他们的智力水平、身体素质(包括性功能)、工作成就以及婚姻生活与没有手淫的人并无任何差异。所以，在这一时期，自慰只要是适度的，有节制的，可以认为是一种合理的解除性紧张的方式，对身体无害。

★ 保持良好的个人卫生和健康的自慰习惯

自慰本身是无害的，也不会造成疾病。很多男孩生病，是由自己没有注意个人卫生和不良的自慰习惯所致的，却推卸给自慰。因此，保持良好的个人卫生和健康的自慰习惯是防止一切疾病的根本所在。

个人卫生不多讲述，自慰的不良习惯是指，比如在自慰的时候，不适当地使用日常物品或者性工具，这种习惯对生殖器、性欲唤起就可能造成伤害。如果对生殖器施加强烈刺激，如用力过大等，容易对生殖器官造成伤害，同时提高了性兴奋的强度，以后正常性交就有可能无法得到性满足等。

给儿子的悄悄话

人渴了，要喝水；人饿了，要吃饭。正常的性欲是人类繁衍后代最基本的要求，是很正常的现象。

引发青春期男孩手淫的诱因

是什么原因导致青春期男孩手淫呢?

★ 生理原因

从生理方面看,原因有下面几个。

第一,遗精导致。常言说"精满自溢",男孩到了青春期,睾丸发育成熟,雄性激素分泌旺盛,在睾丸里成熟的精子与前列腺液、精囊液等混合成精液后,可自然排出体外,这叫遗精。男孩每月有一两次遗精是正常现象。大部分人是在梦中遗精,但也有人在清醒状态下遗精,第一次遗精时,会有一种欣快感、新奇感,以后就不断用手搓阴茎,导致手淫。

第二,阴茎头(龟头)不清洁。如果阴茎头(龟头)不清洁,有尿垢堆积,就会不断刺激局部神经,引起痒感,这时男孩用手揉搓,也会导致手淫。

第三,早晨憋尿。许多男孩半夜不起床排尿,导致早晨憋尿,憋尿使膀胱充盈,刺激神经,阴茎勃起,这时候男孩自己用手玩弄,也可引起手淫。

★ 心理原因

从心理方面看,原因有以下几个。

第一,儿童时期的习惯。在儿童时期,孩子自己抚弄阴茎,或大人好奇玩弄孩子阴茎,引起孩子一种特殊感觉,随着年龄增长,抚摸阴茎的习惯没有去掉,到了青春期便发生手淫。

第二,自我控制力差。男孩进入青春期,如果自我控制力差,经常观看黄色书刊,淫秽画报或观看淫秽录像,就会受到感官的刺

激,使性神经冲动,诱发手淫。

第三,寻求替代性满足。其直接诱因是边缘性性行为,边缘性性行为是指男女之间的拥抱、接吻、相互抚摸和游戏性性接触等性交以外的性行为。如果青春期男孩谈恋爱的话,在相处过程中,由于表达感情有需要,非常容易产生边缘性性行为,而许多男孩不仅仅满足于此。然而,在大多数情况下,又不能和恋爱对象发生性关系,因此,为了使被激起的性欲和性冲动得到满足和释放,就求助于性自慰。

第四,缓解心理压力。学校是个微缩的小型社会,其中也充满着各种矛盾和冲突。有些男孩由于人际关系紧张、考试失利、感情失败等,易产生心理方面的问题,比如自卑、抑郁和无所适从。所有这些都不可避免地造成心理压力。缓解心理压力的方式有很多,如找知心朋友谈心、作心理咨询等,但有些男孩会用性自慰反求于自身。

给儿子的悄悄话

凡事有因才有果,找到"因",就能改变"果"。

过度手淫的表现及危害

手淫是一种常见现象,青少年是多发人群。对一个身心健康、认识正确的人,适度的手淫并无害处,但是,过度手淫就属于一种性心理障碍,并且会严重影响身体健康。

★ 过度手淫的表现

什么情形代表自己已经手淫过度了呢?主要看以下几个方面。

第一,思想上是否迷恋。如果男孩每逢看小说、影视剧引起性冲动,就必以手淫自慰;或者头脑中经常出现性的问题,即使不每次手淫也时时有手淫的欲念,就属于手淫过度。

第二,手淫次数是否过多。现代医学认为男子的遗精周期大约是每月两次。就是说每两周左右,由于精液充盈的刺激会产生一种排泄欲,容易诱发一次遗精或手淫。如果手淫次数远远超出这个范围,则说明男孩是为了追求快感而导致的手淫过度。

第三,性器官是否不适。手淫时或手淫后,性器官出现隐痛、麻木等不适的感觉,或者手淫后经常出现排尿不适或尿道烧灼样不适现象,下腹部隐痛不适等,都是手淫过度的表现。

第四,性反应是否变化。如果手淫达到射精或者性高潮所需的时间一次比一次延长,或者手淫刺激的强度一次比一次增加才能达到射精或性高潮,则表示手淫过度。

第五,体质是否衰退。如果手淫后出现体倦乏力、消瘦、精神委靡、失眠、记忆力减退或注意力不集中甚至容易患病等,说明手淫过度。

★ 过度手淫的危害

过度手淫对男孩生理和心理等各方面都会产生不良影响。其实,手淫对身体的危害并不在于精液的损耗,而在于由于频繁手淫而产生的不正常的心理状态和反复的性刺激对性功能的影响。

第一,泌尿生殖系疾病。过度手淫会引起慢性前列腺炎,导致尿频、尿末滴白、下腹及会阴部不适,也会有腰酸无力、性欲减退、阳痿、早泄、不射精等症状。由于射精频繁,可造成精液质量下降,性欲减退,有的因射精刺激阈升高,以致在正常性生活时不能射精,均可能影响生育。

头晕,不想看书……

第二,心理状态的影响。长期频繁手淫常可造成男孩严重的精神负担,感觉恐惧、悔恨,出现神经衰弱症状,以致男孩看书看报或学习时间不长就头昏脑涨。

给儿子的悄悄话

物极必反,过犹不及。

克服过度手淫的方法

过度手淫会给男孩的生理、心理带来很多负面影响,让男孩的身心受到煎熬。如何才能克服过度手淫的坏习惯呢?

★ 多培养良好的爱好和兴趣

男孩可以多培养自己良好的爱好和兴趣,通过丰富多彩的业余生活将过于旺盛的性能量化解掉。平时在学习以外的空余时间,建议男孩多参加体育锻炼和集体活动,如长跑、打太极拳、游泳等,尽量忘掉手淫,白天累了,晚上就容易睡着,这样既增强体质,消除思想上的紧张情绪,也锻炼了意志和毅力。

★ 掌握有关性的基本知识

拥有正确的性知识是摆脱手淫产生的途径之一,男孩要逐渐摆脱恐惧、悔恨、自责的心理,否则会加重自己的心理负担,造成心理性的性功能障碍。

★ 注意生活规律与生活调节

男孩平时要注意自己的生活规律与生活调节,避免穿过紧衣裤,晚餐不宜过饱,不宜饮食刺激性之品如酒、咖啡、辛辣食物。养成良好的卫生习

今天打球太累了,赶紧睡觉!

惯，注意保持外阴清洁，经常清洗，除去积垢等不良刺激。

另外，要按时就寝和起床，切莫躺在床上胡思乱想。被褥不要过暖过重。万一有手淫欲念不能控制时，应立即改变环境，如找人谈话等，以减少单独一人幻想的机会，这也是设法杜绝手淫的条件。

★ 催眠疗法和厌恶疗法

男孩可以尝试催眠疗法和厌恶疗法治疗过度手淫，这两种方法可以找心理医生帮助实施，也可以自我治疗。

催眠治疗最好找心理医生来做，心理医生会针对男孩的各种症状予以催眠暗示："当你躺到床上时，你会很快沉静下来，迅速入睡，而且睡得很深、很香。通过催眠治疗，你今后不会再犯手淫，也不会再想要手淫了。你睡熟了，手淫的习惯也彻底好转了。随着你的手淫习惯的停止，你不会再头晕，记忆力也好转了，你已经完全恢复健康了。"当然，当你掌握了催眠方法后，也可以进行自我催眠，达到放松、入睡和治疗手淫的效果。

厌恶疗法治疗手淫可采用橡皮圈厌恶疗法形式进行。也就是在自己手腕上套上橡皮圈，当自己一感到有性冲动就拉橡皮圈弹打自己，疼痛的感觉会压抑你的性冲动。然而马上去干别的事情，以转移对性冲动的注意力。经过反复治疗，拉橡皮圈的次数会逐渐减少，直至戒除手淫。

给儿子的悄悄话

理智是最高的才能，男孩要学会用理智克制冲动。

关于性自慰的谣传

由于青春期男孩对性自慰的知识缺乏，常常会轻信一些诸如下面的谣传。

★ 自慰会导致男性早泄和阳痿

医学证明，如果光自慰，是不可能有早泄和阳痿的！男孩大可不必担心，而且相反，自慰是可以治疗早泄和阳痿的。美国、荷兰等国的性学研究机构经过大量的实验证明：自慰不会引起人体生理、心理的异常，也不会引起性功能障碍。相反，自慰已成为治疗某些性功能障碍（如性冷淡、性高潮缺失、早泄、阳痿、阴道痉挛等）的有效手段。

其实，很多早泄、阳痿的问题并非是器质性的问题，而是心理问题。超过半数的男孩都有自慰的经历，那是不是那么多的男孩将来都会早泄和阳痿呢？换个说法，如果一个男孩从来没有自慰过，是不是就绝对不会发生早泄和阳痿的问题呢？答案显然是否定的。因此，自慰会导致男性早泄和阳痿纯粹是无稽之谈。

不过，如果男孩每次自慰时间很短，养成习惯，以后条件反射，性交的时间也可能很短。这是有可能会发生的情况。男孩在要射精的时候，立刻停止，等那种感觉过去了以后，可以继续。反复多次，就可以学会控制时间了。这和早泄、阳痿是截然不同的。

★ 自慰会感染性病

通常，性病的传播途径主要有5种方式：直接性接触传染；间接接触传染；胎盘产道感染；医源性传播；日常生活接触传播。据统计，占90%以上的性病是通过性交而直接传染的，因此，性病的

传播主要是通过性接触。这也是为什么性交的时候,建议戴避孕套的原因。自慰是绝对不可能感染性病的。

★ **自慰会影响生育**

有些男孩以为,自慰多了,精液消耗多了,会影响生育能力。其实,除了有些男性在特定的工作环境下,例如,经常在有放射线的环境中工作,精子可能会受到伤害。对于在普通环境生活的男性,精子的数量和质量基本由睾丸和先天的基因决定。而且,男性的精液如同人的唾液一样,身体是在不断生产的。这也就是为什么有些男性过了60岁以后,还可以使女人怀孕的原因。所以说,精液是绝对不可能因为自慰而全部消耗光的,"精尽人亡"的说法是完全没有科学根据的,自慰不会影响生育。

给儿子的悄悄话

流言止于智者。

第三节　提防黄色陷阱

056

警惕"黄毒"，远离"黄毒"

渴望了解性的信息是"性"窦初开的青春期男孩成长的内在需要，而往往正常的教育渠道不能满足男孩们探索性知识的渴望。在这种情况下，一些不健康的色情内容乘虚而入，腐蚀了男孩萌动的心灵。

★ "黄毒"到处可见

当今世界，色情"黄毒"已悄悄地侵入到了青少年的玩、读、看，甚至吃和穿等生活中。书市上各种情节低俗、内容淫秽不堪的"口袋书"公然批售；玩具市场的色情玩具搔首弄姿；互联网上的色情网站随处可见；电视上的暴露镜头比比皆是。

有人曾经做过统计，发现如今的传媒内容与"性"有关的比二十世纪七八十年代增加了几百倍。在这样一种处处与性有关的成长环境中，许多青春期男孩耳濡目

染,不由自主地被潜移默化,滋长了不健康的性心理,培植了不正常的性观念。

★ "黄毒"毒害深远

"黄毒"对青少年的毒害比比皆是。

据调查,如今的青少年有22%曾经浏览过色情网站,10%的高中生认为一见钟情就可以发生性行为。

由于看色情书刊或录像带而长期沉浸于性幻想,又因缺乏正确的引导,许多青少年上课注意力不能集中,学习成绩下降。

昆明市一个下岗职工的孩子着迷于拨打色情信息台,不仅学习成绩明显下降,在三个月内还花掉电话费一万多元,使原本就贫困的家庭雪上加霜。

还有的青少年不能控制自己的性欲,养成了频繁手淫的习惯,以至于一看到色情书刊或者异性就会遗精,导致性功能障碍,甚至不育。

司法机关的统计表明,在各种青少年犯罪中,有60%与色情"黄毒"有关:2000年6月,南京市三名十四五岁的初中男生聚集在家中看了黄色录像带后,按捺不住欲火,把同班的一位女同学哄骗到家中,进行轮奸;2001年7月,山东省乐陵市一名退学的初中生独自在新居看黄色录像带,邻居8岁的女孩来玩,退学少年就强奸了她……类似的案例不胜枚举。

可见,"黄毒"如同祸水,会毁掉男孩的一生,甚至毁掉一个家庭。因此,青春期男孩一定要警惕"黄毒",远离"黄毒"。

给儿子的悄悄话

"黄毒"猛于虎。

避开家庭里的"黄毒"

专项调查表明,86%的青少年犯性罪错是自发、冲动引起的,他们接受性信息的渠道是多方面的、复杂的,既有非法的、秘密的,又有合法的、公开的,既有直接的污染,又有间接的影响。当他们长期受到大众传播媒介等多种性信息刺激,就会产生不良的性信息效应。意志薄弱的青少年,外界的性信息会激发其内部的生理的性刺激,进而形成性冲动或性需要,一旦强烈的性追求占据个体的主导地位,就会导致性罪错的发生。遗憾的是,在这众多"性信息"的诱因中,家庭中发生的竟占据了相当大的份额。

家庭内藏有的黄色录像带、碟片和不健康的书刊杂志,成为青少年性罪错的祸源。

某派出所查获一起6名14~18岁的青少年集体淫乱案。三男三女利用课余时间经常聚在周某家观看黄色录像,久而久之,被镜头中的情景所诱惑,竟不知羞耻地竞相模仿。调查发现,周某的父母亲喜欢观看和收藏黄色录像带。周某后来回忆道:一天我半夜醒来,发现爸爸妈妈还没睡,他们正在看录像,我擦了擦惺忪的睡眼,发现这录像片的画面不堪入目,内容很不好,当时我并没有出声……周某的父母可能没有想到,正是自己将孩子误导入歧途,断送了他的前程。

卢峰是个品学兼优的少年,父亲从国外带回一些杂志画报,卢峰无意间从书柜中翻到几本,虽然看不懂外文,但那些娇艳裸照却颇具吸引力。为了寻求刺激,卢峰偷看

女性洗澡,还把目光盯在邻居家的幼女身上,走上了犯罪道路。

那么,当男孩发现了家中的不良刊物之后,应该怎么做呢?

★ 悄悄丢掉

当你发现了那些不健康的书籍、杂志、影碟之后,要收起自己的好奇心,果断地把它们丢掉。不要自以为"定力好",就偷偷看起来,要知道,青春期正处于朦胧的性意识阶段,不健康的书刊、音像制品容易侵蚀你幼小的心灵。

★ 给父母写张留言条

当你丢掉那些不健康的书籍、杂志、影碟之后,可以放张字条在原来的地方,隐晦地提醒父母要注意。用这种写字条的方式,可以避免双方的尴尬。

给儿子的悄悄话
父母也会有糊涂犯错的时候,不是吗?

主动远离网络"黄毒"

对男孩们来说,上网是现今最为时髦的行动,是想挡也挡不住的"诱惑"。网络的好处无须再提,而网络的毒害却也为很多人所关注。网络色情、网络诱骗、网络成瘾……就在网络如洪水猛兽般涌来的时候,社会各界频频告急:青少年的世界欠缺"防火墙"。

下面是一个真实的例证:

15岁的王梦,斯斯文文的。在学校里,他的成绩名列前茅,又是班里的数学课代表。他的父母都是研究所的工程师。

有一次,王梦和几个同学路过网吧,被硬拉了进去。网上冲浪让他大开眼界,他尽兴而归,心中暗道:"真精彩!"从此他像上了瘾似的,天天往网吧钻。

渐渐地,王梦发现上网还有一个好处——可以浏览色情网站的黄色内容。打开网站页面,一幅幅不堪入目的画面和一个个"性爱探秘"的广告反复弹出。"欢迎收看'情色图书连载'!"画面上尽是说着挑逗语言、做着淫秽动作的半裸女郎。刚看到这种不堪入目的色情画面时,王梦着实吃了一惊,感到脸上发热。可第二天,当他知道班里许多同学都看过这种画面时,胆子也不由壮了起来。他成了不折不扣的网迷,只要有时间他就往网吧跑,还经常在网吧过夜。

这天王梦在家闲得无聊,脑中又浮现出网上看到过的下流情景,便想起楼上那个姑娘很漂亮:洁白的皮肤,轻盈的脚步，温柔又文雅，还有一脸比阳光还要灿烂的笑容，实在让人沉迷。姑娘的父母都没了，她的姐姐在上班，家里无人，何不……中午12时许，王梦蹑手蹑脚地来到姑娘家门口，用铁器撞了一下门……

　　王梦的罪行很快被揭露了，在监狱里，王梦对公安人员说："我对不起父母，对不起被我伤害的姑娘。我真不应该受网上色情的诱惑，整天泡在网吧！"

作为有理想、有志气的新一代青少年应该懂得自尊自爱，主动远离网络"黄毒"。

　　★ 安装免费管理软件

男孩可以自己安装免费管理软件，可以屏蔽掉90%以上的包含色情、暴力、毒品和种族歧视等不良信息的网站。如果不知道去哪里找这种软件，可以寻求老师、家长的帮助。

　　★ 严格控制上网时间

虽然网络有很多好处，但是青少年的时间还是应该多花在学习上，在青春期——这个学习的黄金时期，男孩们要严格控制自己的上网时间，避免网络成瘾。

给儿子的悄悄话

谁自重，谁就会得到别人的尊重。

当心"空中黄流"

黄色短信和色情声讯这两股"空中黄流"正困扰、毒害着许多青少年。为了遏制这股黄毒,在父母和社会采取有力措施的同时,男孩们更要自尊自爱。

小光的考试结束了,为了奖励小光努力学习,母亲给小光买了一部手机,小光爱不释手。

渐渐地,母亲发现小光整天拿着那新手机发短信,机不离手,便问:"谁给你发那么多的短信,怎么没完没了?"

小光神秘地朝母亲笑笑,还做了一个鬼脸。

母亲感到很茫然。到了单位,母亲求助于"万事通"老王,老王叮嘱母亲要小心。母亲奇怪地问:"买手机怎么了?"

"你知不知道,现在许多网站将各类黄色短信、色情声讯往孩子们的手机里发送。这些黄色短信内容淫秽色情,就是成年人看了也觉得下流不堪。"老王告诉她,他居住的小区里一个16岁的少年沉溺于黄色短信,整天想入非非,竟然把隔壁一个5岁的幼女奸污了。老王还说:"这些声讯台专门开设'性趣话题'、'我愿意听你说'等人工聊天服务,并以此为诱饵,吸引一些学生电话聊天,还故意以淫秽的语言挑逗青少年,使深陷其中的青少年难以自拔。"

这位母亲从此开始关注手机里的"黄流",也开始了

解关于"黄色短信"的点点滴滴。心里想着怎样和小光聊一聊……

空中黄流是一条无声地毒害青少年的黄毒渠道,男孩应该正确认识其本质面目,并主动抵制。

★ 尽量不要向公众提供手机号码

据业内人士告知,从事黄色短信群发的代理公司获取手机号码的途径大致有4种:一是通过一些街头的社会调查获取;二是参与一些消费活动进行会员注册登记留下的手机号;三是一些网站在注册时要求填写手机号;四是利用不法途径一次即可购买到上万个有效的手机号段(一个号只需1分钱)。面对"空中黄流",男孩们可以做的是尽量不要向公众提供手机号码；对于陌生号码发送的短信切莫轻易相信或回复；如要订制业务请选择信誉比较好的服务提供商进行订制。

★ 提高自控力

有些黄色声讯台会主动给男孩拨打电话，利用男孩的好奇心和自控力差赚取巨额利润。男孩在接到类似的电话时，要毅然挂断，以避免不必要的损失和心理伤害。同时可以向父母和有关部门反映，通过法律武器维护自身的权益。

给儿子的悄悄话

自制力是人生的方向舵，使你的人生之舟避开暗礁、漩涡，永不覆灭。

自觉抵制，净化自我

事实上，并不是每一个处于青春期的少男少女都会对黄色读物或色情资讯产生强烈兴趣，也并不是每一个看过黄色读物或淫秽录像的人都会导致性罪错，关键在于他是否有"底气"抵挡诱惑。这种"底气"就是他的道德意识、情趣爱好和人生追求，这种基础又主要是长期家庭教育的积累。

男孩们如何为自己筑起道德防线？可从以下几个方面入手。

★ 培养健康的兴趣爱好

一般来讲，一个痴迷于小科技小发明，或热衷于体育竞技，或醉心于书画艺术的男孩，不太会对黄色读物、黄色信息产生兴趣。正当的兴趣爱好可以使青春期男孩在繁忙的学习之余得到精神调剂，满足男孩发现自我、肯定自我的心理需求，不至于使男孩为填补心灵空虚而误食"黄毒"。

★ 通过正规渠道获得科学的性知识

懂得"性"，获得科学的性知识，不仅是青春期男孩女孩的正当权利，也是促进青春期男孩女孩健康成长的必要保证。科学的性知识，可以使男孩理智地对待身心变化，善于控制自己的情绪，做自己身体的"主人"。不过，这些知识要通过正规的渠道获得，比如课堂，比如书本。如果能在正常渠道获得科学的性知识，男孩就不会认为性有神秘感，也就不会对黄色垃圾产生太大的兴趣。

★ 培养高尚的爱情观

进入青春期的少男少女已经对异性有爱的萌动。这个时期，花季少男少女应该多读一些描写高尚爱情的文学作品，比如《马克思

与燕妮》、《简·爱》、《罗密欧与朱丽叶》等。苏霍姆林斯基说："与其给学生们讲那些性生理知识，不如让他们多听体现人类最美好情感的关于爱的音乐和普希金的诗歌。"当性的需求升华为人类美妙的情感的时候，人就不会被性的本能所驱使，就会蔑视和厌恶那种类似动物本能的色情描写。

给儿子的悄悄话

一本好书就是一个忠实的朋友，一个良好的老师，一个心灵的安慰者。

第四节　那些女生的小秘密

061

女孩身体发育的过程

青春期是人体生长发育的第二个高峰，男孩们在了解了自己的变化之后，对女孩的"身体秘密"是不是也会很好奇呢？同男孩一样，女孩在青春期生理上也会发生巨大变化。一般情况下，女孩青春期要早男孩一年左右，始于9～14岁，结束于18岁左右，发育过程可以归纳为下面几个阶段。

★ 青春期前期（9～11岁）

这个时期的女孩，乳房还没有发育，没有生出阴毛和腋毛，身体呈孩童状。

★ 青春期早期（11～13岁）

这个时期的女孩，脸部开始变圆，骨盆开始变大，腹部开始沉积脂肪。乳房发育，乳头隆起，阴毛开始长出，内外生殖器开始生长，阴道壁变硬。有的女孩开始来月经，但一般还不规律，这是因为卵巢功能尚未完善或成熟到足以排卵的程度。

值得一提的是，身高增长的开始时间早于乳房发育，并且大多数在乳腺组织扩大到乳晕周围时，达到高峰速度。此时身高平均每年增长8厘米，甚者达10～13厘米；同时体重也相应增加5～6千克，多者达10千克。月经初潮后继续长高的潜能有限。

★ 青春期后期（14～16岁）

这个时期的女孩大多数会月经来潮，与初潮同时或稍后，腋毛长出，阴毛呈现女性特有的倒三角形分布，底边与耻骨联合水平相平行；乳晕区腺体发育，在已丰满增大的乳房上形成第二次隆起；14~15岁时，可以呈现规律的排卵性月经；乳房发育成熟，乳头突出在轮廓鲜明的乳房上。

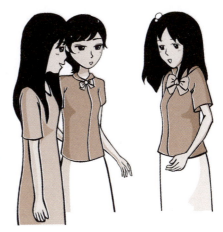

这时候女孩的身高增长缓慢，一般每年只有3~5厘米。从骤长开始到生长停止，女孩平均身高增长约25厘米。因此，仅仅是几年的光景，原本纤弱稚气的黄毛丫头就已出落成一个窈窕水灵的大姑娘了。

★ 青春期成熟期（17~18岁）

这个时期的女孩，身材日趋丰满，骨骼生长停止，生殖器官发育成熟，月经周期稳定。

在女孩整个青春期的过程中，除了上面提到的方面，女孩身体的其他组织也在发生变化。由于喉部发育，声音亦有所变化，血压、血流量和细胞量都增高；心跳变缓，体温下降；呼吸缓慢下来，肺活量增大，骨骼开始坚硬，比例发生变化。到大约18岁，生长高峰便已过去，正常女孩通常这时已达到身高和体重的最高峰。

给儿子的悄悄话

女孩的身体变化与男孩的身体变化有着许多不同之处，是不是让你觉得很新奇呢！

女孩私处的秘密

对于男孩来说,女孩的私处一直是个神秘地带!那里究竟是怎样的呢?女孩的生殖器官分为内、外两个部分,下面来一一了解一下吧!

★ 外生殖器结构

女孩的外生殖器主要有下面几个部分。

第一,大阴唇。柔软丰厚的皮肤组织,包含可制造油脂的腺体和少量阴毛,为外阴两侧、靠近两股内侧的一对长圆形隆起的皮肤皱褶。

第二,小阴唇。是一对柔软黏膜皱褶皮肤,在大阴唇的内侧,表面湿润。小阴唇的左右两侧的上端分叉相互联合,其上方的皮褶称为阴蒂包皮,下方的皮褶称为阴蒂系带,阴蒂就在它们的中间。小阴唇黏膜下有丰富的神经分布,故感觉敏锐。

第三,阴蒂。从外观上看,阴蒂是一个很小的结节组织,很像男孩的阴茎,位于两侧小阴唇的顶端,在阴道口和尿道口的前上方。它非常敏感,因为它富有感觉神经末梢,是女孩最敏感的性器官。

第四,阴道前庭。两侧小阴唇所圈围的菱形区称阴道前庭。表面有黏膜遮盖,近似一三角形,三角形的尖端是阴蒂,底边是阴唇系带,两边是小阴唇。尿道开口在前庭上部,阴道开口在它的下部。

第五,阴道口。阴道对外的出口,是排出经血和阴道分泌物的位置,也是生产时胎儿头部露出的地方。阴道口由一个不完全封闭的黏膜遮盖,这黏膜叫处女膜。

★ 内生殖器结构

女孩的内生殖器主要有下面几个部分。

第一，阴道。阴道确切地说应称为生殖道，因为它既是性交时紧握阴茎的地方，也是接纳精液的场所；既是性生活性兴奋主要体验之所在，又是胎儿娩出的通道。在正常状态下长8~10厘米，富有极好的延伸性和弹性。

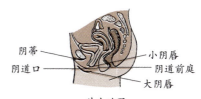

外生殖器

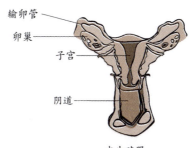

内生殖器

第二，子宫。子宫位于盆腔内呈倒置梨形，周围的韧带将其固定在盆腔内。子宫分子宫体、子宫底和子宫颈三部分。从青春期到绝经期，女性的子宫内膜受体内性激素的调节呈周期性变化，在每个月的一定时间内可接受受精卵的着床。

第三，卵巢。卵巢是女性的性腺器官，内有许多卵泡。卵巢位于子宫的两旁，输卵管的后下方，左右两侧各一个，卵巢呈卵圆形，借助韧带固定在盆腔内。卵巢排出卵子、分泌性激素。性激素维持女子的第二性征，如乳房隆起、皮下脂肪堆积、发音尖细等。女孩在青春期到绝经期，每个月排出一个成熟的卵子。至绝经后，卵巢逐渐萎缩。

给儿子的悄悄话

人的身体结构非常复杂，比世界上任何一台精密的仪器都复杂。

关于处女膜的疑问

处女膜在女孩身体的哪个地方？处女膜是什么样子？处女膜有什么作用？处女膜等于处女吗？……在你读完下面的内容后，这些疑问都会解开！

★ 处女膜的结构

处女膜是女性生殖器官的一部分，它是掩盖在女子阴道外口的一层中心有孔的薄膜，其位置就在阴道口，而阴道是在大阴唇后下部的凹陷处（凹陷深度2～3厘米），故往往被误认为处女膜是在阴道里面。

处女膜的正反两面都呈粉红色或半透明状，跟周围黏膜颜色相同。表面湿润。少女的处女膜较小和厚，随着女子身体的发育成熟，处女膜会逐渐变得大而薄，并有一定的韧性。成年女子的处女膜厚1～2毫米，其间含有结缔组织、微血管和神经末梢。

在处女膜的中央，通常有一直径为1～1.5厘米的小孔，医学上称之为"处女膜孔"，月经就是通过这一小孔排出体外。这个小孔的形状各人不尽相同，一般常见的处女膜孔为圆形和椭圆形。

★ 处女膜的作用

青春期前，女孩的生殖器官尚未发育完善，阴道的黏膜较薄弱、酸度也较低，因而不能阻拦细菌的入侵。而青春期时的处女膜较厚，也就担负起这一重任，起到保护女孩生殖系统的作用。

青春期后，女孩的生殖器官逐渐发育完善，阴道已经具有抵抗细菌入侵的作用，而处女膜却逐渐变得薄弱，也就失去了这一作用。所以，对于发育成熟的女孩来说，处女膜不再具有什么生理功能。

★ 处女膜不等于处女

长期以来的传统观念认为，处女膜就是处女的标志，处女膜的破裂就意味着女性不再是处女了。这是一种很封建的思想，仅凭处女膜的破裂来界定处女是很片面的。

首先，从处女膜破裂的原因来看，绝不能单纯地从处女膜的完整性来判断女性是不是处女。

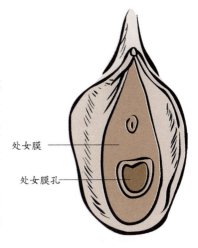

有的女性确实没有发生过性生活，却因一些意外而使得处女膜发生了破裂。如有的女孩在参加跳高、骑马、武术等剧烈运动时可使得处女膜破裂；而有的女性在清洗外阴部、使用内置式卫生棉条不当，甚至在自慰时，也会造成处女膜破裂。

其次，有的女性的处女膜虽然完整，但确实发生过性生活。这是因为这些女性的处女膜较松弛，处女膜孔也较大，在性交后处女膜可不发生破裂。总之，处女膜的破裂与女性是否发生过性行为并无必然联系，也就更不能单凭处女膜的完整性来判断女性是否为处女。

给儿子的悄悄话

用科学的眼光来看待事情，可以避免许多认识上的误区。

月经是怎么回事

青春期的女孩都会有月经，月经到底是怎么回事呢？

★ **月经的由来**

女性的内生殖器由卵巢、子宫、输卵管、阴道构成。卵巢的主要功能是产生卵子和合成卵巢激素，卵巢中含有几十万个卵泡，每个卵泡中含有1个卵子。青春期之前卵泡基本上没有功能，到了青春期，在脑垂体前叶促性腺激素的作用下，不成熟的卵泡逐渐发育，同时合成雌激素。

随着卵巢的变化，子宫内膜受其影响也发生相应的周期性变化。雌激素使子宫内膜增厚，内膜细胞增多、增大。排卵后，由于雌激素和孕激素的共同作用，子宫内膜发生水肿，腺体产生大量黏液及糖原，内膜厚度由1毫米增到6毫米。如果此时排出的卵子受精了，则受精卵经输卵管运送到子宫内发育，称为妊娠；如果卵子没有受精，在排卵后14天左右，身体停止分泌雌激素和孕激素，此时子宫内膜中的血管收缩，内膜坏死而脱落，引起出血，形成月经。

★ **月经的认识误区**

有些男孩对女孩月经的理解有些误区。

第一，月经期间不会怀孕。尽管女性经期性生活不大可能导致怀孕，但是，对怀孕而言，没有绝对不可能的事情。由于精子进入女性体内后可存活长达一周时间，一旦遇到卵子就可能完成受精。有些女性排卵恰巧就在经期之内，所以怀孕可能性极大。由此可见，安全期避孕也不见得绝对安全。

第二，月经是一个月一次。从字面上理解，月经的周期应该是一个月一次，实际上，月经周期的长短取决于卵巢周期的长短。一般为28~30天，但因人而异，上下7天都属正常。

> 女孩的月经到底是怎么回事呢？

周期的计算是从出血的第1天为始，两次月经第1天的间隔时间称为月经周期，因此月经周期的计算应包括月经来潮的时间。这样算的话，月初及月末各来潮1次也是正常的。

月经来潮的持续时间一般为3~7天，以第2~3天为最多。月经血一般呈暗红色，不凝固，除血液外，还含有子宫内膜碎片、宫颈黏液及阴道上皮细胞。

一般女性月经期无症状，少数人可有下腹或腰骶部下坠感、乳房胀痛、便秘或腹泻、头痛等不适，一般不影响日常的工作、学习及生活。

给儿子的悄悄话

了解，是和谐相处的基础。

第二篇 少年的情怀：理智面对青春期的悸动和懵懂

为什么女孩会"肚子痛"

你如果足够细心的话,会发现有的女孩来"好朋友"的时候会肚子痛,轻者精神委靡,四肢无力,重者则要请假休息去看医生。这是怎么回事呢?

★ 什么是痛经

痛经,或称为经期疼痛,是女孩经期最常见的症状之一。许多女孩在经期有轻度不适,不过痛经是指经期的疼痛影响了正常的活动,甚至需要药物治疗。

由于痛经与排卵周期相关,一般不会发生在月经初潮时,而是发生在青春晚期。14%~26%的青春期女性由于痛经不能上学或上班。典型的是,疼痛发生在月经的第一天,通常在月经开始的时间,但也有人直到月经第二天才开始疼痛。疼痛呈痉挛性、阵发性。严重时面色发白、出冷汗、全身无力、四肢厥冷。恶心、呕吐、腹泻和头痛也较常见。

★ 痛经的分类

痛经可分为原发性痛经和继发性痛经。原发性痛经是周期性疼痛,没有器质性疾病,而继发性痛经常见于肌瘤、盆腔炎症性疾病。因此,继发性痛经常伴有其他妇科症状。原发性痛经与继发性痛经相比,更常在月经来潮后开始,青春期女孩的痛经一般是原发性痛经。

★ 原发性痛经的原因

原发性痛经的发生与年龄、种族和社会经济地位无关。但是月经初潮时间早、月经周期长、吸烟和体重指数大则疼痛越重且持续

时间更长。痛经的确切病因至今尚不明确,没有一个理论能全面解释此症候群。不同的患者对治疗有不同的反应,考虑病因可能是多方面的。

不过,有一点是可以肯定的,痛经的机制与前列腺素活性有关。痛经患者体内的前列腺素的含量高于没有痛经的患者。前列腺素释放增加,诱发子宫肌肉收缩,产生痉挛性疼痛,同时可引起胃肠道反应。另外,精神因素可能也是痛经的原因之一,包括母亲对女儿的影响,来自于学习或社会方面的焦虑情绪可能也是原因之一。

给儿子的悄悄话

鲜花因阳光雨露而美丽,生命因关心呵护而灿烂。

女孩胸前神秘的"柔软地带"

女孩胸前高高耸起的"柔软地带",是否让你很好奇呢?来了解一下乳房的知识吧!

★ 乳房的结构

乳房是第二性征器官,女性乳房还是哺乳器官。乳房主要由结缔组织、脂肪组织、乳腺、大量血管和神经等组织构成。

第一,乳腺。成年女性乳腺由15～20个乳腺叶组成,其主要功能是泌乳,还具显示女性特征的作用。乳腺叶由许多乳腺小叶构成,乳腺小叶含有很多腺泡。

第二,脂肪组织。脂肪组织包裹整个乳腺(乳晕除外),脂肪组织层厚则乳房大,反之则小。

第三,结缔组织。即连接胸部浅筋和胸肌筋膜的纤维束,起支撑和固定乳房的作用。

第四,血管、淋巴管和神经。乳房含丰富的血管和淋巴管,血管和淋巴管的主要功能是供给养分和排除废物。神经与乳房皮肤的感觉器相连,感知外面的刺激。

★ 乳房的发育

女孩乳房的发育要经历下面几个过程。

第一,幼儿期。女孩刚出生时,乳头凹陷,乳晕成形,在幼儿期及儿童期,乳房没什么发育。

第二,青春期。青春期意味着开始发育变化到成熟阶段,也是女性一生中乳房发育的重要时刻。女孩到10~12岁时由于下丘脑开始分泌促性腺激素释放激素,导致垂体前叶分泌促性腺激素,进一步刺激卵巢分泌雌二醇及黄体素。雌＝醇刺激乳腺导管发育，而黄体素刺激腺泡的发育致使青春期乳房组织迅速成长。

一般青春期女孩的乳房发育分成五期：第一期，乳头突出；第二期，10~12岁乳房开始发育，乳晕也变大，乳房形成一小丘；第三期，13~14岁，乳头及乳房继续发育；第四期，14~15岁，乳晕及乳头开始隆起，而乳房也渐成球状；第五期，15岁以后，乳房渐渐成熟而定型。

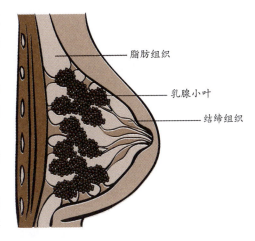

第三，妊娠期。受孕后数周最明显的变化是乳房胀大并且持续整个妊娠期。妊娠早期乳房的血管增加，并且表面静脉也变得明显，通常会伴随疼痛、发痒；从妊娠中期开始，腺泡细胞的增生逐渐减少，取而代之的变化为细胞分化，腺泡细胞从妊娠中期逐渐变成单层分泌细胞，所以在妊娠中期，腺泡腔内已可见到少量淡黄色液体称之为初乳。乳房的胀大持续于整个妊娠期，此乃由于细胞一直进行分化及发育，腺泡细胞分泌量一直增加的缘故。

给儿子的悄悄话

相互尊重，相互帮助，这在社会生活中是必不可少的。

为什么有的女孩没有腋毛

有心的男孩会发现,身边的女孩有的有腋毛,有的没有腋毛,这是怎么回事呢?

★ **女孩长腋毛很正常**

腋毛位于腋下,亦为女性第二性征之一。与阴毛相同,是肾上腺开始分泌雄激素的结果。腋毛出现的时间较阴毛晚1~2年,大致在14~15岁后出现腋毛。腋毛是进入青春期的第一个标志之一,有它独特的作用。

第一,防菌。人体腋毛,对它所生长的体表部位,能起到遮挡、保护人体皮肤的作用,使之不受外来细菌、灰尘等的侵袭,御"敌"于肌肤大门之外。

第二,缓解摩擦。腋毛的另一个作用是当人体活动时,手臂运动,腋窝牵拉着周围皮肤总有摩擦力产生,若摩擦过久、过重,会损伤皮肤,而腋毛此时缓解了皮肤摩擦时的力量,保护了腋窝皮肤,使之不受擦伤,所以腋毛的作用不能否认。

关于腋毛,还有一点要说的是,正常的腋毛和阴毛同身体其他部位的毛发颜色相同,但有些女孩的腋毛或阴毛颜色异常,变成黄色、黑色或红色。这是为什么呢?

如果仔细观察就会发现,其实并不是毛发变了颜色,而是在毛干外面包绕了一层黄色、黑色或红色的集结物。这些集结物可以是坚硬的,也可以是柔软的,呈小结节状或较弥散,使毛干变脆易于折断。病损部位的皮肤正常,但通常多汗。由于集结物的颜色不同,汗液可呈黄色、黑色或红色。这其实是一种病,这种病症医学

上称为腋毛癣，是由细菌感染引起的。病原菌是纤细棒状杆菌。这种疾病的发生不受种族和性别的限制，好发于气候温和或炎热的季节。保持局部清洁和勤洗澡是防治本病的有效措施。

★ 没有腋毛不奇怪

女孩没有腋毛不奇怪，不少女孩为了美观，会刮、拔、脱腋毛，尽管这样做是错误的，有损健康，极易造成腋窝的细菌感染，但许多爱美的女孩往往仍然会选择这么做。

另外，有些女孩天生是没有腋毛的，这和身体的体质、体内激素水平有关，并不是不正常，只要身体没有不适的症状，就不足为奇。

给儿子的悄悄话

爱美之心，人皆有之。

开心一刻

老师:"有一个东西,浑身长满漂亮的羽毛,每天早晨叫你早起,它是什么?"

学生:"鸡毛掸子!"

第三篇
起伏的心绪

合理调节自己的情绪和生活

　　男孩进入青春期之后,心理上会经历巨变,有的男孩变得叛逆不羁;有的男孩变得沉默寡言;有的男孩变得愤世嫉俗……虽说青春期的心理波动是正常的,但是这些波动会给男孩的生活带来一定影响,比如影响男孩与他人的关系、分散男孩的学习注意力等,因此青春期男孩需要学会适当调节自己变化的心理状态。

第一章　青春期男孩的情绪状态

第一节　青春期男孩容易出现的不良情绪

068

脑门一热——哥们儿义气大于一切

青春期男孩正是血气方刚的年纪，很多时候会脑门一热，意气用事，做出一些不理智的行为来。

马上要期中考试了，李阳比好朋友刘飞的成绩好很多，刘飞便请求李阳到时候给他传答案。本来李阳还有些犹豫，可是想到不久前自己打球时伤了脚，还是刘飞帮自己打了半个多月的午饭，这么讲义气的刘飞，李阳怎么好拒绝呢！于是，李阳点头同意了。

考试如期举行，在离交试卷还有十几分钟的时候，李阳写好了答案，团成一团，扔给了不远处的刘飞，这一幕正好被流动监考的校长看到，结果两人都记了一个大过。

其实，谁都知道作弊不对，可是为了哥们儿义气，有的男孩也就顾不了那么多了，脑门一热，做了错事，给自己的人生抹上了污点。那么，当义气与正义、原则相冲突的时候，男孩们应该怎么办呢？

★ 明辨是非，坚持原则

当义气与正义、原则相冲突的时候，男孩们要理智地明辨是非，坚持做事的原则。诚然，朋友之间的相互帮助是人之常情，无可厚非，朋友间的情谊也正是在相互帮助中建立和日渐深厚的。但是，每

个人都有自己的处世原则，一个没有任何原则的人是难以想象的，一个原则性不强，或者说他的原则是经常改变的人可能是大家印象中的"老好人"，但很难交到知心朋友，因为从心理学角度来看，这个人是没有"个性"的，也就是说他在任何方面都不能给人留下印象，并且会让人有"不能独立"的感觉。正因为每个人都有原则，而各自的原则又不是完全相同，所以人际交往中就会产生冲突、摩擦，这是很难避免的。但是不能因为发生了冲突，就屈就于"朋友义气"，做出没有原则的错事来。

★ 晓之以理，积极沟通

当男孩在义气与正义、原则之中选择后者之后，要积极与朋友沟通，对他晓之以理，让对方明白，虽然这次没有"讲义气"，但是这并不代表不忠实与其的友谊，相反，正是因为重视，才会向他解释，与他沟通。同时，男孩还要积极劝阻朋友做出违背正义和社会道德的事情，这才是作为一个朋友该做的。

给儿子的悄悄话

当义气与正义、原则相冲突的时候，要理智地明辨是非，坚持自己的原则。

叛逆有理

许多男孩到了青春期，会发现自己愿意与家长"对着干"，出现逆反心理。这是为什么呢？

★ 主观因素方面

从主观因素来说，青春期的男孩爱逆反，首先是和自己特定时期特殊的生理和心理发展有关。由于大脑的发育日渐成熟并趋于健全，青春期男孩的脑功能越来越发达，思维的判断、分析能力越来越强，思维范围也越来越广泛和丰富，这就为逆反心理的产生提供了心理基础和可能。但由于阅历和经验的不足，男孩的认识是不坚定的、易动摇的，思维虽然具有独立性、批判性，但由于其认知事物和问题时的偏差太大而出现认识上的片面、偏激、固执和极端化，对大人的一些正常教育往往不是与之同向思维而是从对立面去思考，把老师的劝说、要求、批评，把家长的指点、提醒、督促等看成是"管"、"卡"、"压"，是与自己过不去，是对自己自尊心的伤害，进而把自己放在与施教者对立面，从而产生逆反心理和行为。

★ 客观因素方面

从客观因素来说，导致男孩产生逆反心理的原因有三点。

第一，家庭不良因素的影响。一些家庭中不良的教育方式直接影响着男孩逆反心理的形成。例如，家长教育方式的简单粗暴或命令式、专断式等惯用的教育方法，以及在生活、学习等方面期望值过高，要求过严等，这些都无形地在男孩心理上造成一种压力，当这种压力不断积蓄、沉淀，男孩又找不到良策排解时，便在情感上对家长所进行的一系列教育、说教、劝说产生抵触，在情绪上不满，进而产生逆反心理。

凭什么听你的！

第二，学校不良因素的影响。学校是男孩成长和社会化的主要环境，学校不良因素的作用也是男孩逆反心理形成的又一因素，而且是主要因素。部分老师的不恰当言行，在施教过程中让男孩觉得不被尊重，进而产生排斥，逐渐让男孩在情感上与老师对立甚至背离并反其道而行之。

第三，男孩的好奇心、求知欲得不到满足。人生的两个反抗期，第一个是在三岁左右，第二个是青春期的时候，这两个反抗期均是自我意识迅速发展的阶段，这时，男孩对外界充满着好奇心，求知欲旺盛。然而，许多时候家长却会对男孩的行为加以制止，甚至给予处罚，这都会使男孩感到压抑，从而以反抗来回应家长。

给儿子的悄悄话

你之所以有种种不同看法，是因为你在思考，在成长！

进入情绪的"发病期",别慌

进入青春期,许多男孩的情绪就好像进入一个"发病期"一样,每隔一段时间,就会莫名其妙地低落,表现为整天闷闷不乐,不愿理睬别人,也没心思做事。这不仅影响男孩的心情,还会影响男孩的同学关系。

任强在读小学的时候,脾气性格都比较温顺,可进入了初中以后,情绪的波动变得特别大。有时候,为了一件小事就会暴跳如雷,还摔东西,甚至与家长对着干;有时候,又会为了一次小小的成功,高兴得不得了。

前不久,学校放暑假了,任强特别高兴,和朋友计划着这个暑假要怎样安排,并耐心地听取朋友的意见。可是,到了第二天,他的情绪就突然逆转了,跟朋友说不想出去了。朋友们觉得任强很奇怪,有点不可理喻。

其实,类似任强这种情绪的周期性变化是青春期男孩正常的生理、心理现象,男孩要正确看待它!

★ 情绪的周期性变化

人的情绪同智力、体力一样具有周期性。奥地利的一位心理学家首先发现,人的情绪高低波动以28天为一周期,遵循着临界日→高潮期→临界日→低潮期→临界日→高潮期的规律而循环往复。人的体力、智力周期也有大致如此的波形,三者相互影响。高潮期的表现为:精力旺盛,情绪高涨,乐观积极;思维敏捷,记忆力强。低潮期的表现为:耐力下降,容易疲劳;心神烦躁,情绪低落;思维迟钝,记忆力减退。这种周期性就如同无形的时钟一样制约着人

体,演奏着经久不息的生命进行曲,所以有人把这称之为生物钟现象。

★ 做出相应的调整

男孩如何应对这种周期性的情绪变化呢?做出相应的情绪调整非常重要。比如,在自己情绪正处于低潮时,可以有意识地回避一些容易引起自己不快的事情,或者暂时放一放那些困扰自己的难题;当自己的情绪在承受边缘时,在适当的地方和适当的时间喊一喊,或者去打场篮球,出身大汗,及时把情绪调整好。

给儿子的悄悄话

一个人如果能够控制自己的激情、欲望和恐惧,那他就将很强大。

学会克制暴躁的脾气

脾气暴躁的男孩在青春期会惹来很多麻烦,下面故事中的主人公就是一位。

杨华现在正在上初二,他所在的班级并非重点班,同学们的学习积极性不高,纪律也差。可能是杨华长得比较高大吧,班主任任命他当班长,希望能使班上的情况有所改善。

刚开始时,杨华的确比较有威信,可渐渐地同学们开始对杨华不满。缘由就是他经常发脾气,这种情况在上个星期所发生的一件事之后更是如此。

那天上自习时,班上有一男生一直讲个不停,杨华叫他别讲了,没想到他说:"你一个班长有什么了不起的啊!"说完又继续讲话。杨华一时火冒三丈,冲过去立马给他一个耳光。

事后,班主任批评杨华工作方法不当;同学们也纷纷说杨华脾气太暴躁了,并且离他越来越远。

那么,如果青春期男孩脾气暴躁,应该怎么办呢?

★ 学会自制

男孩要学会遇事善于自我克制,运用理智有意识地降低外界刺激在大脑中引起的兴奋程度,防止过分冲动的言行。自制的办法有很多,可以用语言做自我暗示,默念:"息怒"、"不要发火"、"保持冷静和镇定";也可以做一些动作。据说,俄国作家屠格涅夫每逢想发怒时,就用舌头在嘴里转几圈,十分有效。

★ 巧妙转移刺激

转移刺激法是一种积极的制怒方法，是人在发怒时，积极主动地接受另一种刺激以息怒的办法。比如，当你遇到一件不开心的事时，越想越生气，这是因为那个让你生气的兴奋点是大脑中唯一的一个较强的兴奋点，你的注意力全集中在这里了，当

然会钻牛角尖。但如果你突然注意到另外一件事，此时，引起你发怒的兴奋点就会受到抑制，怒气即使当时不是立即消除，起码也会得到一定程度的缓解。这就叫做转移刺激法。

★ 达观地对待不同意见

其实，引起男孩愤怒的大都是一些非原则性的区区小事，因此，男孩要学会忍让，以宽容的态度和豁达的心胸对待他人，因为人与人是平等的，应相互尊重，为了一些鸡毛蒜皮的小事就发脾气，这是不尊重他人人格的行为，自然也难以得到他人的尊重。你可以设身处地地站在对方的角度，用对方的眼光去看待眼前的事情，宽容、体谅他人，进而平心静气地解决问题。

给儿子的悄悄话

人要是发脾气就等于在人类进步的阶梯上倒退了一步。

别动不动就想着"离家出走"

近年来,青少年离家出走的现象时有发生,且呈不断上升之势。据陕西省一份卫生状况调查表明,有过出走史的男孩为6.6%,女孩为2.9%;有过出走念头并且做好了准备但最终未能实现者,男孩为25%,女孩为14%。可见,男孩的出走念头和行为明显高于女孩。

★ 总想"离家出走"的原因

男孩总想着"离家出走",首先与男孩的心理特点有很大关系。离家出走是青春期叛逆的一种表现,处于这个时期的男孩,有一个显著特点就是动荡性:思想活跃、性格敏感、控制力差;易走极端却又不善于自我协调;敢作敢为又盲目冲动,一旦受挫就无法承受。这些心理特点都易使青春期的男孩情绪波动极大,男孩们既渴望被人理解又不愿意敞开心扉,种种烦恼无处倾诉,于是便生出了"离家出走"的念头。

其次，家庭关系是否和谐也是导致男孩出走的重要原因。在一个吵吵闹闹的氛围中，男孩有苦恼不能诉，并且对父母产生厌恶心理，很容易由沉默变为激烈的反抗，认为自己孤立无援，所有的人都与自己做对，最后愤而出走。

再次，外界的诱惑与模仿心理作祟。学业的繁重使男孩无暇顾及外面的精彩世界，但年轻而骚动的心又无法抵御来自外界的诱惑，因此便想拿了父母的钱到外面去大开眼界。另外，一些男孩由于看了武侠小说、传奇文学，便盲目崇拜那些武艺高超、浪迹天涯的英雄人物，于是想离家出走，模仿心中的偶像去"闯江湖"。

★ 明白离家出走的危害

当男孩明白了离家出走的危害之后，可能这个念头就不会再有了。男孩离家出走的危害性极大，一个人流浪在外，生活没有规律，睡眠饮食没有保障，远离父母和亲人，孤独感和恐惧感油然而生，一系列的不适应会使男孩情绪忧郁，产生偏激和愤世嫉俗的心理。另外，流浪在外容易染上不良习惯，学会偷盗、抽烟、酗酒和说谎等，还有可能走上犯罪的道路。相信这些都不是男孩想要的，那么，收起那份离家出走的念头，别动不动就想着"离家出走"了！若真的有过不去的坎儿，可以寻找好朋友、老师，甚至是心理医生的帮助，勇于面对现实，正视各种矛盾和压力，要知道，永远有比出走更好的解决方法。

给儿子的悄悄话

逃避是懦夫的行为。

第二节　正确处理与父母的对抗情绪

073
让父母知道孩子有自己的生活

青春期男孩已经走出了幼儿时代，开始向成人期过渡了，可是在父母的眼里，你还是个孩子。他们处处仍不放心、不放手，这使你有时很烦恼。

下面是一个步入青春期男孩的自述：

每个人都想独立，都想拥有自己的生活，但我却做不到，老爸老妈似乎每时每刻都在守着我，让我觉得连舒展一下胳膊的空间都没有。

我每一次外出都有老爸的"保护"，哪怕只是与同学一起出去聊聊，他都要跟踪。

我的假期也不是我的，老爸老妈早已安排好了"丰富多彩、妙趣横生"的学习计划：上午学画画，下午练钢琴，晚上学电脑……

我已经不是我了，我似乎成了老爸老妈的影子，我觉得生活简直惨到天上去了，只好每天垂头丧气地跟着父母学这学那。我千万次地在心里大喊："我要过我自己的生活。"

我好想拥有自己的朋友，那样我就可以每天放学后和他们一起玩儿，而不必把自己关在家里像是在坐牢。

我好想拥有自己的生活空间，那样我就可以摆脱老爸老妈木偶式的摆弄，自己想干什么就干什么。

很多青春期男孩都会有上面这个男孩的感觉，那么，怎么改变这种状况呢？

★ 从长远的角度和父母谈谈

青春期男孩完全可以为自己的未来做打算了，你可以从长远的角度和父母谈谈。你要让他们知道，你已经不是三五岁的小孩了，你应该开始锻炼自己的适应能力了，否则对父母依赖性太强，你的个人能力就得不到很好的发展，这样就不能养成处理新问题的毅力和能力，以后就有可能被社会所淘汰，这些都是父母无法代劳的。父母听了你的这些话，还会不给你自由吗？

在平时，男孩们也要表现得优秀一些，放学后最好别在路上与同学逗留，要尽快赶回家，做作业时积极一些，在学习上努力一些，只有父母对你肯定了、放心了，才会心甘情愿地给你独立与自由。

★ 用理智的心态和父母谈谈

男孩们不要抱着反对、厌恶的心态来看待父母的行为，有时候父母对你的态度似乎很恶劣，但事实上，他们是疼爱你的，他们希望你能够成才，希望给你慈爱和关怀，只是方法不太正确。

给儿子的悄悄话

要想获得别人的信任与肯定，必须用自己的实际行动来证明。

试着让父母认同自己的想法

已经步入中学的青春期男孩感到自己越来越有主见了：在每月都要召开的班务会上，不再像以前那样无话可说，对班里的大小事情，现在经常会有自己的想法，并能够很好地把它表达出来，有很多次还得到了老师和同学们的认可。你为发生在自己身上的这一变化高兴不已，但苦恼的是，在家里你却没有这样的感觉。其实，对家里的事情，尤其是父母在商量自己的事情的时候，你并不是没有自己的想法，也并不是不愿意说出来，有时候这种愿望还很强烈，但每一次刚开了个头，就被老爸老妈给憋了回去："得了吧你，小毛孩懂什么，这里没有你说话的地方，你还是老老实实地学习去吧。"

男孩们郁闷了，怎么才能让父母把自己当"大人"看待，认同自己的想法呢？

★ 男孩在家没有发言权的原因

家里和学校里的情况不太一样：在学校里，男孩们面对的是同龄的同学和虽比自己年长但却有意识地培养学生独立能力的老师；而在家里，你面对的却是疼你、爱你、恨不能事事都为你安排妥当的父母。在父母眼里，别说你现在还是个孩子，就是以后你走上工作岗位了，在他们眼中你也还永远是个长不大的孩子。他们怎么会倾听一个"不懂事的孩子"谈自己的想法呢？而且，他们还担心孩子操这些"不该操的心"会耽误正事——在他们看来，把学习搞好是你目前唯一的正事。

★ 不要放弃表达自己想法的权利

即使顽固的父母令你在家没什么发言权，你也不要就此放弃在家里表达自己想法的权利。因为，一般情况下，在"班务会"上不会对个人问题进行讨论，但你的学业、你的发展方向、你的前途和未来，却是"家务会"最经常讨论的话题。在涉及自己"前途和命运"的重要会议上，自己难道不应该享有"参政议政"的权利吗？所以，不要放弃表达自己想法的权利，要努力让父母认同你的想法。当你由以前那样无话可说，到现在的想得到说得出，这个变化是实实在在发生的，相信以父母的阅历和智慧，是能够感受到你的变化的。也许，这一段时间，他们正一直为发生在你身上的可喜变化而感到欣喜和纳闷呢。

得了吧你，小毛孩懂什么……

给儿子的悄悄话

你的每一点改变，细心的父母都会注意到。

不回避和父母适当的争论

青春期男孩尽管对自己的生活可以自理，有了一定的分辨是非的能力，可是父母对此总是持不屑一顾的态度。面对这样的父母，男孩就要以一种舒缓的方式说出自己的见解，哪怕其间会不可避免地发生争论，也不要回避，因为适当的争论才可使父母了解乃至重新认识你。

★ 学会坚持己见

在处理事情时，男孩在肯定自己正确的情况下，应该坚持自己的意见，并把自己的见解分析得有理有据。尽管父母会被驳得很没面子，但其实他们的心里是喜悦的。看到你可以独立地分析问题并解决问题，不再是父母翅膀下的小鸟，他们怎能不感到欣喜呢？

★ 适当地争论可以让父母更了解你

适当地争论可以让父母更加了解你，知道你在想什么，需要什么。

李帆是父母掌心里的宝贝，虽然都要上高三了，但他们依旧认为李帆还是个小男孩，永远都长不大。可自从那天晚上后，李帆的父母对他们的孩子开始刮目相看了。

原来这天晚上李帆正在看韩寒的《三重门》，边看边喝彩，李帆的爸爸很奇怪儿子今天怎么这么激动，便问李帆："有什么值得喝彩的吗？说出来让爸爸见识见识。"

李帆便把韩寒那种叛逆精神讲给爸爸听。却不想爸爸听后很不以为然，并对李帆说："以后不要再看这种书了，这会影响你学习的积极性，你还是好好地上你的课吧。"

不料一向乖巧的李帆却说："爸爸，我认为您这么说不对，我知道我最需要做的事就是把学习搞好，考上一所好大学，可并不能因此就放弃我所有的业余爱好吧，韩寒虽然是叛逆了点，可他的这种

另类思想和对传统教育的独特见解，足以说明我们现在信奉的教育模式肯定有不适合的地方。"

爸爸目瞪口呆，李帆没有再说话，只是撇撇嘴又回到他房间里继续看《三重门》了。

李帆走后，爸爸说："真没想到这孩子还挺有一套自己的想法，看来我是太忽视他这一点了，总认为他还是个孩子。"

可想而知，以后李帆有什么想法，他的父母肯定不会再像以前那样漠然视之了。适当地争论可以让父母更了解你，更会促进家庭关系，使你与父母之间的僵持状态有所缓解。所以千万别抱着一种"父命难违"的愚孝心态，那是毫无道理可言的。拿出勇气来，说出自己的看法，但千万不要让争论升级为争吵。

给儿子的悄悄话

争论是思想的最好触媒。

学会和父母做朋友

要同父母做朋友,父母一方有责任,作为子女也有责任。男孩要学会采取有效的方法积极主动地与父母建立起知心朋友式的关系。

★ 做朋友,不要做敌人

许多青春期男孩叛逆心理极强,他们把自己封闭起来,有什么心事,有什么想法从来不和自己的父母说,把父母当成"敌人"。他们认为父母无微不至的关怀纯属多余,认为父母不厌其烦的教导是婆婆妈妈的说教。只要父母制止了他们为所欲为的行动,就大动肝火、大吵大闹,弄得家里"硝烟弥漫",整日不得安宁。要么就是和父母搞冷战,不理睬父母,弄得家庭关系十分紧张,大有一触即发之势。

在与父母做"敌人"和做朋友之间,无论是谁都知道选择后者才是快乐的。在今天变革的时代潮流中,所有父母都希望与儿女保持和谐融洽的关系。作为儿女,也应学会与父母沟通,大胆主动地把自己的想法、观点告诉父母,求得他们的理解;平日里,对父母要多关心、多体贴,久而久之,就能做到与父母无话不说、无话不谈了。

★ 寻找与父母的共同点

有些男孩也许会说,自己也想和父母交朋友,但就是找不到共同语言。事实上,和父母间的共同点是很容易就能找到的。天下所有父母都是疼爱子女的,都望子成龙、望女成凤,子女本身又何尝不是渴望能成才呢?这"盼成才"就是

两代人最大的共同点,在这个大前提下,找到共同语言还困难吗?

此外,每个父母都有各自的个性特点和爱好,你还可以在这个领域里寻求共同语言。比如,爸爸喜欢下象棋,就可以在闲暇时和爸爸杀上一盘;妈妈喜欢看书,就可以先读一些她常看的书,然后和她多交流交流读书心得……在相互交往中,既了解父母,也让父母了解自己。和父母一起携起手来,共同更新观念、共同学习、共同进步、共同走向同一结合点,来迎接生活的挑战。

只要两代人之间能够做到求同存异,做到相互理解,做到在实践中主动协调好代际关系,讲究代际交往的艺术,不仅可以消除摩擦、填平"代沟",而且完全能够成为好朋友。

给儿子的悄悄话

学会和父母做朋友,将受益无穷。

当隐私被侵犯后……

目前,父母侵犯孩子秘密的现象屡见不鲜。据最新调查发现:在10~18周岁孩子的家长中,超过半数的家长翻看过孩子的日记或信件,大多数的初中生和高中生对父母的这一行为表示气愤和反感。

最近,周州发现妈妈在偷看他的日记。有一天放学后,妈妈被周州"现场抓获",周州问:"妈妈你怎么能看我的日记呢?"妈妈不以为然地说:"我是你妈,我看看都不行吗?"周州真不知道以后怎么跟她相处。

还有一次,一位女同学打电话通知周州去参加学校组织的活动,由于兴趣相同,他们就开心地交谈了几句。等挂断电话后,妈妈急忙凑上来,用严厉的目光盯着周州问:"刚才是谁呀?打了这么长时间,还有说有笑的,听声音像是个女的……"

周州又生气又无奈,没等妈妈把话说完,他就气呼呼地跑回自己的房间了。

有些男孩可能与周州有一种同病相怜的感觉,面对侵犯隐私的父母,男孩们怎么做才好呢?

★ 理解父母

青春期男孩还未到成熟稳定的时期,此时,父母自然无法完全放纵男孩自由发展,但又不能时时刻刻地照料、呵护,为了对男孩有充分的了解,所以才侵犯一些小秘密,这是父母的爱心,是可以理解的。

★ 调整心态

男孩可以先调整一下自己的心态，乐观一点，把这看成一个必不可少的"成长过程"：父母恰恰是在不断遭到否定之后逐步建立起对你的信任感；你则在不断重申和强调自己的权利中向父母强调"我已长大，请尊重我的秘密"的观点，同时以实际行动赢得父母的信赖。

★ 表达立场

面对父母的行为，男孩要想合适的办法表达自己的立场，捍卫自己的隐私权。可以尝试写一篇《父母不偷看孩子日记的重要性》的日记，让爱偷看日记的父母在"拜读"你的"大作"后触动一下他们的神经。

还可以想办法说服父母尊重你的秘密，尽管这不是一件容易的事。最好能提醒他们并让他们相信，他们的行为会破坏原本很亲密的关系，使你无法与他们沟通。你尊重他们，也希望他们能允许你有秘密，尊重你的这一点点权利。

但有一点你要切记，一定不能和父母硬来，更不能得理不饶人地跟父母吵闹不休，也不能从此不愿再搭理他们。因为这些做法，既会伤透父母的心，又丝毫不能解决问题。

给儿子的悄悄话

沟通是解决问题的最好方式。

穿着打扮也是"导火索"

许多青春期的男孩不再把买衣服的"重任"交给父母了,更多时候,他们会与同学、朋友或者单独去购买衣服。然而,当男孩们穿着自以为非常好看的衣服出现在父母面前时,却经常遭到父母的否定。

下面是一篇一个初中三年级学生的日记:

我早已过了父母给买衣服的年龄,当初次单独购买衣服时,感到了自由的欢乐。一边挑着自己喜爱的衣服,一边想:再也不用穿老爸老妈给硬套的老古董了。我像许多同龄的男孩女孩一样,可能"时尚+个性"是打扮自己的标准,为了一件中意的衣服,可以连续几日省下早点钱,然后花光所有的积蓄去买来。但当我兴高采烈地赶回家,老爸和老妈却睁大一双惊奇的眼睛看着,他们不满意我穿新衣服的样子。

"快把那件宽松得离谱的上衣脱掉,你能穿那样的衣服吗?真不明白,花了那么多的钱,你竟然买回来这样一块布……"

我真不明白,为什么自己喜欢的衣服样式他们就是不满意,而非让穿得像个新闻节目主持人那样,规规矩矩,裤缝笔挺,难道他们就一点儿都不知道时尚是什么吗?如果穿上他们钟爱的那些呆头呆脑的衣服去学校,不被同学笑话死才怪呢!唉,每次一提到时尚穿着,和老爸老妈就会闹得很不愉快。

★ 重新审视自己的审美观

对于父母的否定，男孩首先要做的是重新审视自己的审美观，看看自己的着装是不是太另类、太夸张。过于另类、夸张的服饰会让父母觉得过于张扬，他们更喜欢一个专注于学习而衣着朴素的孩子。如果确实是你的着装风格过分了，那么要注意收敛一下自己的"时尚"，记住一条真理：给人印象最深的不是穿了什么，而是服装与自身是否搭配，只有符合学生身份特点的衣服才是美的。

★ 想办法改变父母的观点

如果自己的审美观没有问题，确实是父母"落伍"了，那么不妨转动脑筋，想一些好办法改变父母的观点。比如，你可以把和自己穿着风格一样的同学带回家，让父母了解一下"时尚"魅力，了解一下青少年到底是怎样穿着的。可能这些平时他们都不大在意，如果把同学带回家，他们就会注意观察起来，一旦发现跟同学穿得都差不多，并没有"出格"，也许他们就不会那么挑剔了。俗话说习以为常，看得多了，说不定他们会逐渐接受。

给儿子的悄悄话

不能说凡是合理的都是美的，但凡是美的确实都是合理的。

争取"玩"的自由

星期日休息,该是男孩女孩最开心的日子,朋友们都在这一天出去玩,可有的人却不能名正言顺地去玩。在父母面前提什么字都可以,就是不许说"玩"这个字。

市里要举办青少年篮球联赛,小明被选中参加篮球队集训,终于找到正当理由能在课余时间玩他喜爱的篮球了。"老爸老妈一定会支持我的。"他心里乐滋滋地想。可谁知,当他兴冲冲地赶回家,把这个好消息告诉老爸老妈时,他们本来微笑的脸,立刻变得阴云密布。老爸眉头紧锁地说:"快期末考试了,还什么篮球不篮球的?不是告诉过你要抓紧时间提高成绩吗?你还想不想考好……"

此时,小明真是委屈极了,眼泪几乎都要掉下来了。这时老妈过来轻轻地拍了拍他的肩膀说:"明天去跟老师说,咱不参加篮球队了,好好学习比干什么都好。"望着老妈那双不容置疑的眼睛,他只好心不甘情不愿地点点头。他是多想拥有课余生活的自由啊!他喜欢篮球,并且这次老师还决定让他担任队长,对他的期望很高。可是,父母之命难违,他没有这个自由,只好退出篮球队。

如果男孩们想在课余生活中能有一片属于自己的天空,该怎么办呢?

★ **讲些名人的故事给父母听**

你可以讲一些名人的故事给父母听,让他们有所思量:
美国第32届总统富兰克林·德拉诺·罗斯福是美国历史上唯

一连任四届的总统。他小时候，母亲就严格地管束他，并给他安排了很详细的作息时间表，几乎除了吃饭就是学习，课余时间也不例外。但他的家庭是民主的，罗斯福不满意母亲制订的作息制度，就提出了抗议，要求获得安排自己课余生活的自由。母亲认真考虑了他的要求，以后就适当地安排了自由空间。

父母听了你"醉翁之意不在酒"的故事，可能就会尊重你的自由，满足你的合理要求，因为你的故事向他们传达了这样一条信息：课余生活的自由更有益于成功。

★ 注意"玩"的时间安排

"玩"是次，"学"是主，如果你能够很好的安排主次，父母是会同意的。比如，如果你想在课余时间看一些课外读物，可以与父母约定，放学回家后的这段休息时间可以看，到了做作业的时间就不看了。只要能将时间调配得当，再选择一些比较好的课外读物，相信父母会同意这一要求的。因为他们也懂得看这类书会拓宽你的知识领域。

给儿子的悄悄话

玩与学习并不矛盾，只要将两者的主次分配好。

第三节　别让坏情绪影响师生情谊

080

努力取得老师的支持

在紧张的学习生活中,男孩们制订的活动计划,因老师的出面干涉而无法执行的不在少数吧?在你失望、沮丧,甚至埋怨老师的时候,有没有想过为什么老师不支持,有什么办法改变这种情况呢?

★ 别背着老师策划活动

老师最忌讳学生背着他组织一些集体活动,如果男孩这样做的话,活动肯定得不到老师的支持。

"唉,我们的活动计划泡汤了!"乔叶一脸沮丧地对早已整装待发的几位哥们儿说:"班主任知道了咱们的秘密,现在已赶来阻止了。"

他的话音刚落,班主任已十分严肃地站在了教室门口:"你们今天中午不能去参加那个什么业余足球赛,还有几个星期就期末考试了,都火烧眉毛了,还有心思去玩?考完试再说!"

乔叶争辩道:"我们就利用午休这段时间,不会耽误下午上课。"

"中午不休息,下午哪有精神上课?我今天中午要去你们宿舍检查,谁也不能去!"

其实,这不能完全责怪老师太死板,客观地说,背着老师策划

活动，本来就是一件不尊重老师的事情，面对学生的不尊重，老师支持学生是不大可能的。因此，如果男孩们想要获得老师的支持，就最好别背着老师策划活动。

★ 邀请老师参与活动

初三(1)班的高明和同学商量后，要与初三(2)班进行一场班级篮球联谊赛。这一提议得到了两个班同学的热烈响应，可初三繁忙的课程安排使他们找不出合适的时间。高明找班主任刘老师说明来意，刘老师起初也因担心影响功课而不赞成。高明诚恳地向老师请求说："老师，我们很长时间都没活动了，两个班的同学都很赞成这个活动。还一致推举您做裁判，您就支持一下我们吧！我们保证不影响学习，比赛的时间您来定，还不行吗？"

听完高明这番话,刘老师很爽快地答应了,并立即拿过课程表帮他们选择时间。经过认真讨论,最后将比赛时间定在了星期五下午的最后一节课。同学们听到这个消息不禁欢呼雀跃起来。

高明由于事先主动找到老师讲出他和同学们的想法,并邀请老师参加他们的活动,不但让老师同意了这次活动,还得到了老师的大力支持。男孩首先要尊重老师,然后积极、诚恳的邀请老师参与活动,如果计划合理,并且不影响学习,大多数老师是不会拒绝。

给儿子的悄悄话

尊重他人,才会获得他人的尊重。

勤学好问，虚心求教

许多人上学时经常会这样评价老师："那个老师并不怎么样"，"他的水平太低了"，等长大以后才知道这种看法和想法是多么天真。就像作弊者从来都认为老师发现不了，其实，只要往讲台上一站，谁在下面干什么都一目了然。老师从他的年龄、学问、阅历在某门课上的水平肯定是高于学生的，所以，男孩要向老师虚心求教，勤学好问不仅直接使自己受益，还会增多、加深和老师的交流，无形中就缩短了与老师的距离，每个老师都喜欢肯动脑筋的学生。

★ 提问态度真诚

有的男孩内心对老师有成见，或瞧不起老师，或对老师有埋怨，以至于要么不提问，要么提问态度也非常不好。

罗杰是班上的数学课代表，今年，数学老师是一个新毕业的大学生，有几次罗杰提问把他难住了，罗杰便瞧不起这位老师。

下周是罗杰参加市数学比赛的日子，数学老师非常负责任地来找他，说："下周的数学比赛准备的怎样了，有什么难题解决不了的，可以问我。"

罗杰抬起头，挑衅似的对老师说："这题我想了很久了，你会吗？"

老师接收到罗杰不善的眼神，没说什么，只是接过了罗杰的题。

第二天，老师找到罗杰说："题我解出来了。"然后给罗杰详细讲了解题思路。

这题我想了很久了,你会吗?

老师讲解完题以后,对罗杰说:"当年我参加数学比赛的时候,很紧张,有一些临场经验还是可以告诉你的。"

罗杰好奇地问:"你也参加过?得了名次吗?"

"嗯,我是第二名。"老师谦虚地笑笑说,"我不是个聪明人,可是我很努力,遇到不会的题目我会努力钻研,所以最后成绩比很多人都好。"

罗杰先是惊讶,再听了老师说的话,羞愧地低下了头,直后悔自己不应该这么瞧不起老师。

老师之所以能成为老师,一定有比学生强的地方,作为学生,对待老师一定要谦虚,向老师提问的时候态度要真诚,男孩们千万不要因为一时的意气用事,伤害了与老师的良好关系。

★ 及时表示感谢

当向老师虚心求教之后,要懂得及时表示感谢。这里的感谢不是说物质方面的,而是需要你发自内心地对老师说"谢谢"。为人师表,是一份非常辛苦的职业,当老师对你付出了之后,你也要懂得感恩。如果你觉得说谢谢不好意思,那么也可以用卡片、短信、邮件等婉转的方式表示感谢,这对和谐的师生关系有很好的促进作用。

给儿子的悄悄话

有教养的头脑的第一个标志就是勤学好问。

老师不是完美的

心理学的研究发现，根本不可能存在没有缺点的人。老师不是完美的，如他有的观点不正确，或误解了某个同学，甚至有的老师"架子"比较大，或是太严厉，这都是可能的。男孩要明白一点：用宽容的心对待老师。

★ 发现老师的不足要持理解态度

金无足赤，人无完人，老师也是普通人，并不是完美的，能够接纳与理解老师的不足是一个好学生的表现。

宇通的物理老师普通话不是十分标准，而且说话有明显的口头禅。最初接触老师的时候，同学们暗地里都嘲笑他，宇通这个物理课代表也不例外。

这天，老师正在上课，被校长打断了。校长领着一个学生的家长找老师出去谈话，学生家长看到老师就鞠躬说感谢，边说还边流泪。同学们断断续续地听明白了事情的原委：老师在上班的路上，看到一个学生被车撞了，旁边行人没有一个愿意去扶一把的，他就上前把孩子送到了医院，并且垫付了医药费。因为学生昏迷了，所以老师留下了联系方式，以便有事儿可以随时找到他。

老师能够义无反顾地帮助受伤的人，令原本瞧不起他的同学们肃然起敬。

老师是"人"不是"神"，男孩们要理解老师的缺点、不足，多看老师的优点，学习老师身上的长处，用宽容的心来和老师相处。

★ 向老师提意见语气要委婉，时机要适当

如果有必要向老师提出自己的意见，那么一定要注意语气和时间。要让老师感受到你对他是尊敬的，是在善意地告诉他哪里做得不足，不要挑在大庭广众的时候，最好是利用写信、发短信等婉转的方式。

★ 受到不公正的待遇请冷静

如果被老师误解了，受到了不公正的待遇，有的冲动的男孩就会当面和老师顶撞起来，可是，这样真的对吗？男孩们最好不要这样做，这样不但无助于问题的解决，还会恶化师生关系。男孩们最好暂且忍一忍，等自己和老师都心平气和了，再找时机谈一谈。撇去谁对谁错不谈，不管怎么说，老师是长者，作学生的应该把他们置于长者的位置，照顾老师的自尊心和面子。

给儿子的悄悄话

天底下没有完美的人，每一个人都有缺点。

主动向老师承认错误

有的男孩明知自己错了，受到批评，即使心里服气，嘴上也死不认错，与老师搞得很僵。有的人则相反，受过老师一次批评心里就特别怕那个老师，认为他是对自己有成见。这都是没必要的。

刘浩在班里学习成绩中等，爱动，好闹。有一次下课后，刘浩在教室里与同学打闹起来，不小心将前面的玻璃黑板撞坏了。班主任李老师来到班里一看，盛怒之下，在同学面前狠狠地批评了刘浩，因为他学习成绩不是特别好，老师借此机会数落了他一顿：

"正经事儿没你，打架滋事总少不了你！你要是把打架的劲头儿用到学习上多好！写一篇检查，明天早自习在全班同学面前读一下。还有，下午把你家长叫到学校来！"说完，李老师气呼呼地走了。

刘浩一听要在全班同学面前读检查，心里气愤极了，他可是堂堂男子汉了，要在全班同学面前出丑多没面子！可是师命难违，刘浩心里对李老师的芥蒂更深了。

又一天，刘浩上数学课，李老师在前面演示，不知道谁在后面出了个"洋相"，逗得大家哈哈大笑。李老师抬头一看，正好看见刘浩笑得前仰后合，她不由分说地把刘浩叫了起来，刘浩说不是自己做的，可是李老师不信，当场刘浩就和李老师吵了起来。李老师一气之下不上课了，转身走了，刘浩这下心里打鼓了，老师是不是找自己家长去了？

心神不安的刘浩放学回到家，看到黑着脸的父母，知道老师肯定"告过状"了,他为自己声辩:"今天真的不是我的错,李老师就是对我有意见!"

其实,学生犯错是正常的,错了就是错了,只要主动向老师承认,改正就是好学生。老师不会因为某一次事件就对学生有成见。相信老师是会全面、客观地评价学生的。但如果这个学生"冥顽不灵",执意认为老师要与他作对,那么事情就很容易演变成上面的故事。

★ 学会自我检讨

男孩要学会自我检讨,看看自己到底有没有错,错在哪里。俗话说,一个巴掌拍不响,老师之所以会与男孩的关系不好,肯定是有原因的,而这个原因大多数时候出在男孩自己身上。

★ 与老师积极沟通

发现自己的错误之后,男孩要放下心理包袱,与老师积极沟通。向老师承认错误,并且道歉,一般来说,老师是不会和学生计较的。如果男孩能够主动认错,大多数老师都是会冰释前嫌的。

给儿子的悄悄话

与老师关系融洽既可以促进学习,又可以学到很多做人的道理,会使你一生受益无穷。要相信自己能做到这一点。

第二章　青春期男孩的学习与生活

第一节　青春期男孩最棘手的学习问题

问题一：对学习没有兴趣

常言道，兴趣是最好的老师，大多数人都承认，兴趣之于学习有非常重要的作用，可是，总有一些青春期男孩觉得学习"没劲"，对学习"没兴趣"，为什么会出现这种情况呢？

赵睿的父母是外交官，由于工作原因长驻国外，父母对赵睿的学习是不太管的，因为无论赵睿学习怎么样，高三之后他们都会接赵睿到国外上大学。父母平时把赵睿托付在奶奶家，奶奶年纪很大，也从不管他，更别说和他交流想法、一起玩了。赵睿的学习成绩很一般，他不是不想努力学习，只是认为最后反正要出国，学不学一个样，所以弄得他没兴趣看书，没兴趣上课，没兴趣考试……
青春期男孩对学习缺乏兴趣往往是这样几个因素造成的。

★ 缺乏创造力，缺少发现乐趣的眼睛

男孩之所以觉得学习没劲，主要是由于他们缺乏创造力，缺少

发现乐趣的眼睛。同样一个道数学题,有的男孩会举一反三,一题多解,乐趣无穷,而有的男孩只认为那是一堆无聊透顶的数字。从某种层面上说,创造力的大小决定男孩学习乐趣的多少。

男孩可以适当地进行创造性思维训练,比如养成多角度思考问题的习惯,多想象,多推理,多看一些有幻想色彩的书籍;也可以多和那些有创造力的同学交朋友,逐渐恢复对学习的兴趣。

★ 学习的压力不适当

男孩对学习没兴趣,一方面是缺少学习技巧,另一方面是学习压力不适当。比如故事中的赵睿,他没有学习压力,所以他学习好也没有成功的感觉,学习不好也不会觉得对自己的未来有影响。男孩的学习压力过大和过小，都会令男孩对学习没兴趣。

在这一点上，男孩要学会自我调节，当压力过大的时候要学会自我减压；当压力过小的时候要学会自我增压。

★ **不适应新环境、新"身份"**

青春期的男孩刚刚发现自己成为"大人"，迈入了初中、高中，这与自己以前的学习、生活是截然不同的，这种新身份、新环境的变化，让很多男孩一时之间难以适应，常常觉得老师讲的课听不明白，结果成绩不好而受到家长的责备，此后男孩就把学习看成一件讨厌的事，兴趣开始降低。

男孩要明白，万事开头难，进入一个新的学习阶段遇到一些学习困难是很正常的，不要灰心丧气，失去自信，要积极地适应自己的新"身份"，不懂的问题主动请教老师、同学，积极融入学习中去。

给儿子的悄悄话

万事开头难。

问题二：学习的自控力差

自控能力是人的一种自觉的能动力量，主要是指在改造客观世界中控制主体自身的一种特殊的能动性。自控能力不能理解为消极的自我约束，它是一种内在的心理功能，使人自觉地进行自我调控，积极地支配自身，排除干扰，使主观恰当地协调于客观，并采取合理的行为方式去追求良好的行为效果。

心理学家研究发现，有30%的青春期男孩虽然有自觉学习的能力，但是仍然不会自觉地去学习，总是要家长、老师不断地督促。另外，上课注意力不集中，爱做小动作，写作业边写边玩等，这其实都是因为男孩的自我控制能力比较差。这些问题并不会随着时间的推移而好转，需要男孩自己努力来解决。

★ 给自己定下规则

男孩要明确无误地给自己定下规则，而且以后要坚持实践这些要求。比如，许多男孩子迷恋游戏，结果弄得自己不仅成绩滑坡，还精神不振。其中有的男孩意识到问题的严重性后，说不玩就不

玩，自控力非常强；而有的男孩则管不住自己。这就需要男孩学会制订规则，来帮助自己培养自我控制的意志力。

有位男孩是这样做的：

李桐的自制力很差，做事丢三落四，学习用品乱扔乱放，看电视没完没了，做作业

马马虎虎，弄得学习和生活都一团糟。他"痛定思痛"之后，决定通过规则和纪律来帮助自己拥有自制力。

暑假的时候，他给自己规定：每天只吃一次冷饮；每天看半小时电视；做完一门功课，收拾好课本再做另一门功课；晚上9点30分上床，背完单词后熄灯；平时打篮球1小时，自己洗运动服。

规则不多，只有5条，但订了就坚决执行，不马虎不迁就，更不允许任性骄横，为所欲为。期间，他要求父母进行监督，如果发现自己违反，可以进行惩罚。

在暑假的两个月时间，李桐进步神速。

男孩也可以参考故事中李桐的做法，和自己"约法三章"，相信会有一定的效果。

★ 思考不自制的后果

要想培养自己的自控力，还可以通过思考可能产生的结果来实现。比如，总是先看电视后写作业的男孩可以想一想，如果看完电视再写时间来不及怎么办？交不出作业明天老师会怎样的态度？班级的同学又会怎样看待自己？一连串的后果可以让男孩自我觉醒，关掉电视，先写作业。真正的自控能力来自于发自内心的理解，当男孩理解了为什么要自制，就会自觉地改变行为了。

给儿子的悄悄话

自控能力，能够保证人的活动经常处于良性运行的轨道上，从而可以积极、持久、稳定、有序地实现一个又一个目标。

问题三：缺乏钻研的精神

要学好知识，不但需要具有强烈的求知欲，更需要刻苦钻研的精神！不喜欢钻研的男孩往往对知识浅尝辄止，不愿意多琢磨，知识和能力容易停步不前。

黄祖洽院士十几岁时，母亲曾带着他到乡下，在乡间的茅草屋中住了一段时间。

一天，黄祖洽的母亲随口说了一句"有心栽花花不开，无心插柳柳成荫。"黄祖洽听后很纳闷，问妈妈："为什么'无心插柳'还能'柳成荫'呢？"

妈妈告诉他："这是一句俗语，意思是柳树与花相比容易存活，你只要插一根柳条在地上，它就能长成树，成为树荫。"

黄祖洽是个特别爱钻研的孩子，听了妈妈的话，他果真找到一枝没发芽的绿柳条，将它插在池塘边松软的泥土里，看它到底能不能存活。

黄祖洽天天跑来看，可一连几天，柳条一直都没有发芽。黄祖洽没有放弃，依旧每天来看，过了好长一段时间，柳条终于发芽了！黄祖洽非常高兴。

在以后的采访中，黄祖洽总是说，自己在科学上的成就，很大程度上来自于小时候养成的钻研精神。

你一定也听过"有心栽花花不开，无心插柳柳成荫"这句话，那么你有没有像黄祖洽一样，亲自动手，认真去钻研这句俗语呢？对于青春期的男孩而言，钻研精神十分重要，只有刻苦钻研，才能得到知识的精髓，学得更加扎实。那么，在生活中，男孩如何培养自己的钻研精神呢？

★ 多问自己几个"为什么"

青春期的男孩由于学习任务多，往往满足于完成老师布置的作业，达到基本的要求就过去了，很少自动自发地多问几个"为什么"。从今天开始，男孩不妨给自己提一个、两个"为什么"的问题，动脑筋去思考，想出合理的答案。这种方法有利于男孩钻研精神的养成。

★ 把不懂的问题记录下来

在学习的过程中，男孩如果遇到自己回答不出来的问题，一定要把问题记下来，之后或查找资料，或请教他人，不可以放过，这能培养男孩凡事"弄个水落石出"的钻研精神。

★ 在家里组织讨论会

钻研精神是可以培养的，男孩可以安排一个时间，全家人坐下来，就某一方面的问题和父母互相讨论，这类讨论会式的活动对男孩的钻研、思考能力的培养很有帮助。当然，必须要注意的是，讨论的内容应事先定好，大家有所准备，这样才能让活动更有效果。

给儿子的悄悄话

钻研然而知不足。

问题四：容易半途而废

一个旅行者出发旅行，他可以没有水，可以缺少食物，可以没有交通工具……很多东西都可以没有，但有一样东西是绝不能缺少的，那就是持之以恒的精神。只要能坚持，不半途而废，一直走下去，迟早都会抵达目的地。

高斯，1777年4月出生在德国。他是18世纪最伟大的数学家之一。高斯从小就勤奋好学，很早就显示出超人的数学才能。他学习刻苦又勤奋，白天在学校里，除上课时专心听讲之外，他还尽量利用课外时间钻研数学，阅读了很多大数学家的著作。

1795年，高斯18岁时，来到著名的哥廷根大学攻读数学。第二年，他成功地解决了当时自希腊数学家欧几里得以来两千多年一直悬而未决的数学大难题，轰动了数学界。有人曾问高斯："为什么你在数学上总能有那么多的发现？"

高斯回答说："假如别人和我一样专心和持久地思考数学真理，他也会作出同样的发现。"

由此看来，"专心致志，持之以恒"是高斯成功的秘诀。对于青春期的男孩而言，学习过程中，如果半途而废对学习效果影响极为严重，那么，男孩怎么培养自己持之以恒，不半途而废的学习精神呢？

★ 鼓励自己坚持下去

意志力薄弱的男孩可以经常用鼓励的话激励自己，锻炼自己的意志力。当遇到困难准备放弃时，及时给自己打气，鼓励自己想办法继续坚持下去。无论遇到任何困难，都不能轻言放弃，要坚持到底。只要男孩有了较强的意志力，有不甘落后的决心，那么在学习过程中就有强大的动力，也就能够坚持不懈，一气呵成。

★ 做事形成规律性

男孩做事要有规律性，先做什么，后做什么。比如，什么时间应该做什么，就认认真真地做，不要想其他的事情。形成习惯后，男孩到了时间就会自动自觉地去做该做的事情，容易养成持之以恒的好习惯。

★ 学会自我监督

旁人的监督不如自我监督的效果更好。男孩要想学会自我监督，为自己制作一张"自我鉴定表"是不错的方法。男孩可以对完成学习计划、良好行为习惯，或者某种活动目标等情况进行自我评分。在不断自我评价、自我监督中，男孩就能养成督促自己持之以恒地从事某种活动的习惯。

给儿子的悄悄话

学习是一个坚持的过程，坚持到底，学业必然有成。

问题五：考试怯场

考试怯场是一种比较普遍的现象，在任何有考试的场合中都可能出现。怯场是一种短暂性心理失常现象，是由于各种原因造成心理过度紧张所致，表现为原来已经熟记的材料、熟练的动作不能重新回忆、再现或再做。更有甚者，有些男孩一迈入考场，便会出现突如其来的头晕（俗称晕场）、目眩、心悸、恶心等症状，并因心理过度紧张而使实际水平得不到正常发挥，造成考试失利。那么，男孩怎样做才能使自己不再怯场呢？

★ 把考试当做平常事

男孩要明白：考试其实是教学过程的一个组成部分。学校或者老师通过考试，推动学生对所学课程进行系统的复习，从而加深理解，进一步巩固知识。比如模考，它目的无非是检查学生的知识掌握情况，查缺补漏，以便今后的复习。因此，没必要把它看得太重。应将注意力集中在知识的学习和理解上，真正地掌握科学文化知识。

★ 怯场时的对策

为了防止在考试中怯场，男孩要掌握一些应对怯场的策略。

第一，兴奋转移法。若怯场现象发生，应立即转移兴奋点和注意力。如抬头向窗外远望，或者观察老师的服饰、表情，或者想一小会儿自己最感兴趣的事情等，等平静下来再开始做题。

第二，药物助控法。吞服或口含几片仁丹等清凉药物，或在太阳穴上搽一些清凉油、风油精等刺激性药物等。另外，也可饮服菊花茶等清利头目的饮品，保持头脑清醒。

第三,想象法。想象一个使人松弛、愉快、舒适的状态或情景,这种方法可以使男孩暂时终止对眼前事物的思考,消除紧张情绪。或者男孩可以用自我暗示法在心里不断地提醒自己:今天精神好,头脑也很清醒,一定能考好……这种反复提醒也有助于缓解男孩的紧张情绪。

第四,深呼吸放松法。深呼吸,并不能简单地望词生义,错误地理解为用力的吸气和呼气。正确的方法为:用鼻子徐徐吸足新鲜空气;屏住呼吸数秒钟;拢起嘴唇(像吹口哨的嘴形)用嘴使劲吐出小部分气,稍停片刻,再继续吐一小部分。如此反复数次,直至肺内气体吐完为止。整个过程应是平静地进行,以自己也听不到呼吸声为宜。同时,吐气时应缓缓气沉丹田。其次,还应用鼻吸气。这种方法同样可以有效地排解焦虑和紧张情绪。

给儿子的悄悄话

以平常心对待考试,相信自己。

问题六：阶段性厌学

什么是阶段性厌学？青春期男孩在某个学习阶段表现出来的特有的厌学行为，称之为"阶段性厌学"。由于情绪波动、环境变化、学习方法调整等因素，每个学生都可能在某个特定阶段难以适应学习要求，从而产生暂时性的学习障碍，表现出阶段性厌学特征来。可以说，几乎每个青春期男孩都曾经或正在发生阶段性厌学，这是一种正常的不良情绪，或者说是一种常见的消极情绪。

阶段性厌学的"阶段"很有意思，有的具有普遍性，有的则完全是个性化的表现，甚至令父母和老师感到"不可理喻"。针对青春期孩子而言，有这样几种阶段性厌学。

★ 起始年级的厌学

起始年级是指学科设置的起始年级，也就是通常所说的"初一"、"高一"。由于男孩刚刚换了一个新的学习环境，所以难免会有知识障碍和人际关系障碍，存在着学习环境、学习内容、学习方法方面的不适应，产生厌学情绪。

男孩要防止这种情况，最好在开学之初就对新的学习环境、学科内容、学习要求、学习方法有所了解，这样开学后就能很快适应了。

★ 高年级的厌学

高年级是与起始年级相对而言的。显而易见，高年级男孩的厌学，往往发生在一定学段之后。这时候的男孩虽然已经积累了相当的基础知识，可是由于平时对各知识点之间的关联、思维并没有融会贯通，很可能只是仅仅满足了表面上的"懂"，对后续知识的学

习并没有真正理解,所以对综合性较强的知识和题目会感到无从下手。

这时候,男孩可以自己梳理知识体系,强化综合型题目的训练,增强自己对各知识点之间的关联性认识,理清各知识点之间过渡的重要性和必要性,这是克服厌学情绪的最佳途径。

★ 开学之初的厌学

每当寒暑假结束后的新学期开学之初,总有相当一部分男孩会有厌学情绪。如何预防这种情况呢?首先,男孩在放假的时候,要制订一个合理的作息时间表,以防玩乐过度;其次,在临近假期结束时,要逐渐减少外出参加聚会、玩乐的次数,逐步调整作息时间和饮食习惯,尤其是要调整好早上起床、晚上睡觉的时间,把已经打乱的生物钟拨过来。这样做可以避免开学厌学情况的发生。

给儿子的悄悄话

态度决定一切。

第二节　青春期男孩应具备的心理素养

懂得反省是成长的秘诀

中国著名的学者曾子说:"吾日三省吾身,为人谋而不忠乎?与朋友交而不信乎?传不习乎?"一个善于反省的人,往往能够发现自己的优点和缺点,并能够扬长避短,发挥自己的最大潜能;而一个不善于自我反省的人,则会一次又一次地犯同一类错误,不能很好地发挥自己的能力。

胡适很小的时候,父亲就不幸病逝了,从此,母亲冯顺弟就担当起教育子女的重任。胡适的父亲生前经常教妻子读儒家的书,冯顺弟受丈夫的影响很深,她将丈夫的教诲牢牢记在了心中。通过学习,她深谙反省对于一个人的重要性,所以在教子的时候,特别注意培养胡适自我反省的能力。

她记得丈夫教过她曾子的名句:"吾日三省吾身,为人谋而不忠乎?与朋友交而不信乎?传不习乎?"她对这句话印象非常深刻,就拿来勉励、鞭策儿子胡适。

每天临睡之前,胡母便坐在床沿上,叫儿子站在床前搁脚板上,让儿子学着古人的做法来"三省吾身"——今日做错了什么事,说错了什么话,该完成的学习任务是否完成等。

在胡母的督促下,胡适求知上进,终于成为我国著名

的学者。

有一个对自己严格要求的母亲,是胡适的福气。一个人之所以能够不断地进步,在于他能够不断地自我反省,找到自己的缺点或者做得不好的地方,然后不断改正。对于男孩来说,学会反省的思维方式是成长的一个秘诀。一个不会反省的男孩永远也长不大。

培养自己的反省思维,男孩不妨参考以下几点。

★ 学会接受批评

每一个人包括每一个男孩都喜欢受到表扬,而不喜欢受到批评。但是,一个人往往是在接受批评之后,才会开始反省。因此,男孩要学会接受批评,这不仅能够塑造自己完整的人格,而且可以帮助自己在其他方面取得成功。

★ 学会总结经验教训

总结经验教训可以帮助男孩进行反省，例如，一个男孩用打架来解决与同学之间的矛盾，如果他在打架上吃了亏，他会想："上次我感到生气的时候是用打架来表达我的愤怒的，结果我被别人打了，那么下次发生这样的情况时，我该怎么办呢？我不用打架可以吗？是不是有更好的解决方法呢？"如果男孩经常会总结经验和教训，那么你就很容易明白反省的意义，掌握反省的技巧，这对你的人生会有很大的帮助。

给儿子的悄悄话

反省是一面镜子，它能将我们的错误清清楚楚地照出来，使我们有改正的机会。

091

增强自己的责任感

责任感是一个人对他所承担的任务的自觉态度,包括对自己的责任、对他人的责任、对集体的责任和对社会的责任。责任感不像知识、技能和能力那样明晰可见,但它却是优秀人士不可或缺的素质。

　　一个记者在洗手间里,听到隔壁小间里一直有一种奇特的响动。在好奇心的驱使下,他通过小门的缝隙向里探望。这一看使他惊叹不已,原来,小间里一个只有七八岁的小男孩正在修理马桶的冲刷设备。一问才知道,是这个小男孩上完厕所以后,因为冲刷设备出了问题,他没有把脏东西冲下去,因此他就一个人蹲在那里,千方百计地想修理它。而他父母、老师当时并不在身边。这件事令这个记者非常感慨:一个只有七八岁的小男孩,竟然有如此强烈的责任心。

小男孩的责任心让人惊叹,同时,也应该引起其他男孩的反思:你有这样的责任感吗?想要增强自己的责任感,可以参考下面的建议。

　　★ 学会自己的事自己做

　　许多男孩很幸福,父母把无限的爱都倾注到了男孩身上,对男孩的关怀可以说是无微不至,让男孩们过着衣来伸手、饭来张口、养尊处优的生活,本来是男孩应该自己做的事情全都由家长代劳了,应该自己负的责任全都由家长承担了。因此,男孩要想增强自己的责任感首先就要让爸爸妈妈放弃对自己的溺爱,学会自己的事情自己做，为自己多承担一些责任。

★ 不断巩固自己的责任意识

责任感是做人成才的基础，男孩要利用一切机会巩固自己的责任意识。比如，可以通过读书、讨论等多种形式，让自己树立责任意识，"身无分文、心忧天下"的毛泽东、"为中华之崛起而读书"的周恩来，他们之所以做出了突出贡献，赢得了历史和人民的尊敬无不源于自觉的责任感。这些生动具体的事例，都能让男孩在思想上受到冲击和震撼，帮助自己不断巩固责任意识。

★ 寻找榜样，形成责任感

每个男孩具有强烈的模仿倾向，因此，男孩可以给自己寻找一个榜样，这个榜样可以是家长、老师，也可以是自己的同学、邻居等。男孩可以多关注榜样的行为，比如关心家人、帮助邻居、爱护财物等，用榜样的影响力帮助自己形成强烈的责任感。

给儿子的悄悄话

责任心犹如大海中的定海神针，人类一旦失去责任心，世界就会像大海一样波涛汹涌，失去控制。

提高自己的挫折承受能力

所谓挫折，是指人们为满足自己的某种需要，在追求达到特定目标的活动中，遇到了无法克服或自以为无法克服的障碍和干扰，使其需要不能获得满足时所产生的紧张状态和消极的情绪反应。

"没有挫折就没有成长"，男孩在成长的过程中必然会遭受各种各样的挫折和失败，这种挫折和失败在给男孩带来巨大心理压力与情绪困扰的同时，也给男孩带来了成长的契机。所以，男孩学会正确处理失败和挫折是非常重要的。

★ 强化耐受挫折的心理准备

在遇到挫折时，男孩要明白：挫折是任何人都不可避免的，具有普遍性、客观性；产生挫折的原因有外部原因，也有内部原因；挫折是令人不快的，但不快程度及其转化情况却是由自己控制的，应使各种挫折成为锻炼自己成长的摇篮。这样，男孩便能在头脑中储存挫折的信息和做好接受挫折的心理准备。

★ 通过认识各种挫折进行耐挫折训练

男孩可以利用报纸杂志刊载的、现实生活中的，甚至是身边发生的挫折事件，不失时机地进行挫折训练。这些挫折主要包括两类。

第一，自然环境挫折。大自然一旦大发淫威，人类的力量就显得渺小无力；但如果此时人的耐挫力强，最终仍能实现"人定胜天"。男孩可以组织同学讨论"假如洪水淹没了我的家……"等。

第二，社会环境挫折。由于社会条件的种种限制，人的某些需要和动机可能无法实现，但如果对此心理准备不足，也可能导致挫

折。比如男孩参加学生会干部差额选举投票前,可以先开展"假如我落选"的讨论,以防患于未然。

★ 利用挫折体验进行耐挫折训练

许多研究表明,早年的挫折经验有助于成年有效地适应环境,正所谓"逆境成才"。为此,男孩可以参加各种活动来体验挫折,这类活动形式颇多,如远足、野营、登山、军训等。通过这些活动,男孩可以提高自己的生存能力、自理能力。

★ 给自己树立"挫折榜样"

榜样的力量是无穷的,男孩可以给自己寻找一个"挫折榜样",比如因遭受失学挫折而奋发成才的爱迪生、华罗庚;战胜病残而卓有成就的海伦·凯勒、张海迪等。这些优秀人物的事迹都会给男孩带来鼓舞的力量。

给儿子的悄悄话

卓越的人一大优点是:在不利与艰难的遭遇里百折不挠。

随时随地保持乐观的心态

乐观使人能看到事情比较有利的一面，期待更有利的结果。调查显示，开朗乐观的人不仅较为健康（其癌症罹患率明显低于悲观抑郁者），而且生活较为幸福，事业上也较易获得成功。

李·艾柯卡是美国著名的企业家，他的父亲尼古拉·艾柯卡也是一位企业家，最富有的时候，拥有几家电影公司和富兰克林戏院，另外，还有一个包括30多辆车的车队。所以，在李·艾柯卡6岁之前，他们的生活非常安逸温馨。但是，就在20世纪30年代那场经济危机之后，尼古拉家里几乎丧尽了全部财产。面对这样悲惨的局面，尼古拉和妻子没有悲观失望，也没有把失败的阴影带给男孩。童年的李·艾柯卡一直从父母那里得到爱和温暖，得到了战胜困难的乐观精神和积极迎接生活挑战的处世态度。

当儿子遇到屈辱和困惑，满腹心思、闷闷不乐时，父亲总是乐观地对他说："孩子，发生了什么事？不要紧，这没有什么。任何困难都将是暂时的。忘掉它，迎接美好的明天吧。相信明天会好起来的。"

在父亲乐观心态的影响

下，小艾柯卡度过了自己愉快的童年。

可以说，乐观的心态是男孩一生的财富！心理学家发现乐观的心态是可以培养的，即使男孩天生不具备乐观品质，也可以通过后天的努力来实现。那么，男孩如何塑造自己的乐观心态呢？

★ 多结交朋友

不善交际的男孩大多性格抑郁、悲观，因为他们享受不到友情的温暖，所以更容易感觉孤独和痛苦。所以，你要多结交一些朋友。如果你性格比较内向的话，那么可以多结交一些性格开朗、乐观的同龄朋友。

★ 保持广泛的兴趣爱好

开朗乐观的男孩心中的快乐源自各个方面。一个男孩如果仅有一种爱好，他就很难保持长久快乐，试想：只爱看电视的男孩如果当晚没有合适的电视节目看，那么他必然会郁郁寡欢。有个男孩是个书迷，但如果他还能热衷体育活动，或饲养小动物，或参加影视剧表演，那么他的生活将变得更为丰富多彩，由此他也必然更为快乐。

★ 拥有自信十分重要

一个自卑的男孩往往不可能开朗乐观——这就从反面证实拥有自信与快乐性格的形成息息相关。对于一个智力或能力都有限，因而充满自卑的男孩，一定要想办法克服自卑、树立自信。

给儿子的悄悄话

要知道，悲观不是天生的。像人类的其他态度一样，悲观不但可以减轻，而且通过努力还能转变成一种新的态度：乐观。

培养自己的领导能力

在你的身边,你会发现总有几个同学很有号召力,他们能组织集体活动,带领同学们做这做那,同学们也乐于"听从指挥",这种能力就是领导能力。

一群孩子在游玩时不小心迷了路,经过一个惊恐之夜后,一个女孩哭着说:"大人们不会找到我们了,我们都会死的。"而其中另一个男孩小东坚定地说:"我们不会死的,我听大人说,'顺着小河走,就会走到大河,然后就可以找到城镇。'请大家跟我走。"于是,这帮孩子就在小东的带领下,沿着小河边的灌木丛艰难跋涉,终于听见有人说话的声音。最后,这些孩子被大人们救了出来,回到了各自的家中。

无疑,故事中的小东临危不惧,具有领导才能,他率领伙伴们走出了困境。如果你暂时还不具备这种能力,不必灰心,其实,领导人不是"天生"的,领导人是造就出来的。

★ 培养自己的自信、毅力和承担责任的勇气

作为一个领导人,必须有自信心,坚信自己可以带领一班人完成任务,达到目的。此外,领导人带领他的一班人并不是每次都能完成任务,达到目的的,在群体犯了错误时,男孩不要把责任推给别人,要敢于承担责任。因此,要培养自己的领导能力,必须培养自己的自信心、毅力和承担责任的勇气,这是一个领导人的基本素质。

★ 培养自己分析问题,制订计划的能力

领导者需要完成的是仅仅靠一个人完成不了的任务,因此,他

要带领一班人去解决的是"大问题"。尽管这些"大问题"并不像大人们解决的问题那么大,但它总是有点"大"。既然是带领一班人去解决大问题,在里面就涉及分工、时间安排等,因此,就需要男孩有能力分析大问题,并有能力为了解决这个大问题,制订计划。

★ 培养自己的组织能力

在这方面,美国学校的做法颇值得效仿:在美国,学校里有"组织能力"的选修课,以培养学生的领导才能。课程内容包括去募捐、帮助竞选、保护自然等,旨在让男孩女孩多接触社会,培养其对变化的判断能力,在多种可能性面前的选择能力,敢于迎接挑战的勇气,主动改造环境和不断超越自身局限性的意识与决策能力。你也可以效仿美国人的做法,亲自操办活动,比如,操办家庭节日晚会、外出旅游、宴请朋友等,在操办的过程中,锻炼自己的组织能力。

给儿子的悄悄话

要培养自己的领导能力,必须培养自己的自信心、毅力和敢于承担责任的勇气,这是一个领导人的基本素质。

重视决策能力的提升

决策能力是男孩独立意识发展的一个非常重要的方面,拥有决策能力的男孩懂得独立思考,分析、判断能力也更高明。一个没有决策能力的人是非常可悲的。

哈比已经是七旬老人了,他如约参加了大学的同学会,听见他的好朋友鲍勃——当然也是一个白发苍苍的老头了——还在抱怨,当年他父亲不该帮他选了土木工程这个专业……

"你都说了一辈子了,还没说够吗?"哈比对鲍勃说。

"那是我一辈子的痛,如果他们当初同意我去做个服装设计师,也许我的命运会从此不一样!"鲍勃执着地这样想。

"唉,其实错在你自己!为什么非要听父母的话呢?难道你不会和父母好好沟通,做出自己的决定吗?"

鲍勃猛然醒悟,老泪纵横,是啊,最终做出决定的是自己,迈进土木工程系的是自己,当初自己的决策能力去哪儿了呢?

鲍勃成了老头还在埋怨自己父母代替自己做出了人生重要的决策,虽然最后他认识到了自己的错误,但是这个故事也应该引起男孩的注意。男孩的决策能力影响男孩的一生,试想一下,如果鲍勃自己有决策能力,在分析了土木工程和时装设计的利与弊之后,也许仍然会选择土木工程,但在他后来的人生中第一他不会抱怨父

母,第二他懂得了在纷繁复杂可能性的选择项中选择出最为科学和合理的选择项。

★ 自己的事要自己做主

一方面,男孩要明白,自己的事情就应该由自己决定,例如自己有什么样的兴趣爱好,父母可以提建议,但要尊重你的决定,你完全不需要强迫自己去适应父母的安排。另一方面,男孩自己的生活琐事不应该要父母包揽,例如,一些力所能及的家务事、一些文化学习方面的事等,男孩应该尽量自己完成和自主安排。

★ 朋友之间的事也由自己做主

男孩在和朋友们的交往过程中难免会出现一些矛盾和争执,而在这种时候,男孩们应该拒绝父母的干预,这是因为你应该学会自己处理矛盾和争执的方法。如果父母干预了,不仅可能使矛盾"升级"而达不到解决矛盾的效果，而且对锻炼你的决策能力也是不利的。

★ 父母的事男孩可以积极参与

父母的事男孩可以积极参与，这样不仅能够很好地培养你的决策能力，还能让父母对你"刮目相看"。例如，在商店买衣服时，你可以对这件衣服颜色、式样、做工如何，是否适合父母穿发表意见。

> **给儿子的悄悄话**
>
> 决策能力并非天赋异禀，而是需要你后天的努力。

良好的时间管理能力很重要

法国思想家伏尔泰曾出过一个意味深长的谜语:"世界上哪样东西最长又是最短的,最快又是最慢的。"这个谜底是什么呢?答案是:时间。很多人对于金钱的管理比较留心,可是对时间的管理却往往不留意。

沙沙都上初中二年级了,可是做什么事都不紧不慢,起床要半小时,吃饭要半小时,上个厕所还要半小时,别人不催,他更不着急。尽管妈妈一直催促他"快一点,快一点",但仍起不到作用,有时甚至对他发火都无动于衷。妈妈劝过他,也训斥过他,他当时改了,但过不了几天就又犯老毛病。

每到周末,老师留的家庭作业,沙沙都必定要挨到周日的晚上才开始搞突击,有时写不完就把填空和选择题留着,等周一上午上课前,找同学抄一遍。每天的作业,他也是经常要做到十一二点钟,甚至要到第二天早晨起来还得补一课,才能完成。

沙沙这样的男孩不在少数。时间悄无声息流逝了,成功往往掌握在会管理时间的人的手中。对于男孩来说,从小就应该养成珍惜时间的好习惯,培养自己的时间管理能力。

★ 培养良好的时间观念

男孩要正确认识时间的价值,意识到时间是最宝贵的,不要浪费时间。男孩可以在自己的卧室里贴一张便条,写上如"一寸光阴一寸金,寸金难买寸光阴","时间就是效益,时间就是生命,时间就是一切"等和时间有关的名言警句,以激励自己珍惜时间,不要浪费时间。

★ 遵循一定的作息规律

良好的作息习惯是珍惜时间的前提,男孩可以为自己制订一份作息时间表,什么时候起床,洗漱要多长时间,吃早餐要多长时间,什么时候写作业,什么时候睡觉等,把作息时间定下来,让合理安排时间成为自己的一种习惯。

★ 定期检查时间运用

许多时候,男孩的时间浪费掉了,可能男孩自己都不知道,所以,为了养成不浪费时间的习惯,男孩可以每天晚上对自己进行总结,看看哪些事完成了,哪些事没有完成,完不成的理由是什么,是不是浪费时间了。

给儿子的悄悄话

一寸光阴一寸金。

第三节　青春期男孩必备的社交技巧

097

学会与自己的"对手"合作

在未来社会里，只依靠个人的力量是不行的，尤其对于男孩来说，具备一个良好的合作精神将会对你以后的生活起到极其重要的作用。可是，让你与自己的好朋友合作不难，如果让你与自己的对手合作，你还愿意吗？

★ 合作的正确含义

合作全面、正确内涵是与人合作，不应该只与自己要好的人合作，那些与自己不熟悉的，甚至是与自己"对着干"的人，也应该与其好好地合作——只要有合作的必要。

萧然回家后对妈妈抱怨道："我真弄不明白老师为什么要让我和小明一组表演节目！小明平时做什么事总和我意见不一样，而且我们见面的时候也不会打招呼，不说'老死不相往来'吧，我们也是'井水不犯河水'。我问过老师，能不能不和小明一起表演，但是老师说，我们一个会弹钢琴，一个会拉小提琴，是'绝配'！我没有办法反驳老师，可是我真的不想和小明一起参演节目！"

萧然的一通抱怨意思很明确——他不愿意和自己的"对手"合作。许多男孩都会与萧然有同样的想法，这种想法可以理解，但却是不明智的。一个懂得合作精神，并能够全面认识到与对手合作的重要性的男孩，不会拒绝与

对手合作，也只有这样的男孩才会很快适应不断变化的社会环境，很好地投入到生活中去，并发挥积极的作用。

★ 与对手合作是智慧的表现

向对手学习是聪明的表现，而与对手合作是智慧的表现。

1807年，拿破仑的外交大臣塔里兰认为，推翻拿破仑的时机已经来临，他需要寻找一位盟友，最后他竟然选择了他最痛恨的对手——秘密警察首领富歇。虽然塔里兰并不期望和富歇建立任何友谊，而且也不可能，但是如果和富歇合作，对方一定会努力证明自己。他明白，与富歇的结盟是建立在双方利益基础之上的，和私人的情感没有任何关系。而这样的合作，才是最安全的。

这两位一向对立的大臣竟然会结盟，旁人对他们的主张也产生了极大的兴趣，对拿破仑的反对也逐渐蔓延开来。从那以后，塔里兰和富歇成了最佳的搭档。

对手和朋友总是相对的，但当新的更为强大的对手出现时，原来的对手则可能成为朋友。当与对手存在某种共同利益时，双方也可能成为朋友，共同去获取那份利益。所以，男孩要胸襟宽广一些，在必要的时候，主动伸出友谊的手，与对手合作。

给儿子的悄悄话

一堆沙子是松散的，可是它和水泥、石子、水混合后，比花岗岩还坚韧。

正确处理朋友间的冲突

男孩之间磕磕碰碰,吵吵闹闹是常有的事情,尤其随着年龄的增长,到了青春期,男孩们有了自己的人生观、世界观,很容易冲动,吵架便成了很多男孩社交中都会遇到的事情。

小凡读的中学是寄宿制,高年级的学生都是自己去食堂排队打饭。这天,吃饭时间,小凡看见一个陌生的同学插到了自己队伍的最前面,肚子很饿的小凡立刻就大声对他说:"同学,你怎么可以这样呢!"

"我怎么了?"那个同学一头雾水。

"插队啊!还问我怎么了!"饿着肚子的小凡没好气地说。

"我没有插队啊,我只是问问是不是在这里买!"同学很委屈地说。

"快到后面排队去吧!别吵了!"后面好心的同学劝着小凡和陌生同学。

下午上课的时候,老师居然把那个陌生同学领进了小凡的班级,原来他是新转来的!

自我介绍完了之后,老师让大家相互聊聊,认识一下。小凡思考再三,走过去对小蔡说:"你好!今天中午对不起啊,误会你了!"

俗话说,伸手不打笑脸人,面对小凡的友好,新同学尴尬地笑笑:"你好!"

"今天中午我确实没想插队,但是因为我,确实也耽误了你吃饭的时间,还是对不起啊!"新同学主动对小凡道歉。

"我也有错,今天太冲动了……"小凡不好意思地笑了笑。

男孩之间难免会发生冲突,但不是每一个男孩都会像故事里的小凡一样,善于与人交往,知道如何化解矛盾。那么,当你与他人发生冲突之后,你要做些什么呢?

★ 找出冲突的原因

冲突发生后,男孩要冷静地想一想,这件事情到底是谁对谁错?如果事情很难判断,不妨请"旁观者"帮助自己分析一下。要是事情归咎于自己,那么男孩就要找出自身的原因,及时改正;如果错在他人,那么男孩就要与对方积极沟通。但切记,任何情况下，都不要冲动地用武力解决问题。

★ 尽量自己解决问题

化解矛盾，与人沟通的过程也是男孩思考、分析问题，作出判断的过程。如果一些问题男孩独自确实解决不了，可以请家长、老师帮忙出谋划策，但这是"没有办法的办法"，最好尽量自己解决问题。

给儿子的悄悄话

真正的友谊从来不会平静无波。

站在"对面"看问题

汽车大王福特曾这样说过:"成功假如有什么秘密的话,就是设身处地为别人着想,了解别人的态度和观点。因为这样不仅能得到你与对方的沟通和理解,而且可以更清楚地了解对方的思维轨迹,从而有的放矢,击中要害,成为成功者。"你能够站在对方的立场看问题吗?

★ 秉持"你是对的"的态度

禅宗里面有这样一则脍炙人口的小故事,便蕴藏着这样的道理:

有两个小和尚平常就爱抬杠,有一天,两人又为了一点小事争论起来,愈说愈大声,最后吵得面红耳赤,谁也不服谁。

第一个小和尚气冲冲地跑去找师父评理。师父很有耐心地听完小和尚的诉说,淡淡地说:"你是对的。"

有师父这句话,第一个小和尚得意洋洋地回房去了。

不久,第二个小和尚也气冲冲地跑去找师父评理。师父也很有耐心地听完他的说明,照样淡淡地说:"你是对的。"

第二个小和尚也高兴地回房去了。

这时,一直在旁服侍老和尚的第三个小和尚忍不住开口说:"师父,您平常教导我们待人要诚实,万万不可做违心之论,可是我刚才亲耳听见您跟两位师弟都说对,恕我冒犯,您这样岂非在做违心之论呢?"

师父对第三个小和尚的质疑，非但不生气，反而和颜悦色地说："你是对的。"

第三个和尚入门较久，也比较有慧根，听师父这么说，立刻开悟，跪谢师父的棒喝。

由此可见，当每一个小和尚都固执己见，毫不相让时，就会争论不休。倘若能将心比心，站在对方的立场想问题，秉持"你是对的"的态度，争执心定减少，彼此的摩擦也较易获得解决，这样才会有助于形成良好的人际关系。当然，这并不是说，你不能有反对他人的时候，一些问题对就是对，错就是错，只是如果能够在辩驳之前想一想"你是对的",就更容易与对方沟通。

★ 想人所想,理解至上

换位思考的另一层意思,就是设身处地为他人着想,即想人所想、理解至上。人与人之间少不了谅解,谅解是理解的一个方面,也是一种宽容。谁都会有被"冒犯"、"误解"的时候,如果能深入体察对方、站在对方的角度看问题,或许能达成谅解。一般说来,只要不涉及原则性问题,都是可以谅解的。

给儿子的悄悄话

成功假如有什么秘密的话,就是设身处地为别人着想。

养成倾听的好习惯

具有较强倾听能力的男孩,都有着良好的人际关系、丰富的知识和较好的语言表达能力,因为他们在倾听中学到了许多知识,接收到了许多信息,就像植物的成长需要不断地从地下吸收养料一样,倾听会让男孩的头脑变得更加富有。

但是,在现实生活中,养成倾听这一好习惯的男孩却很少,下面故事中的主人公幽幽就是一个典型的例子。

幽幽的口才十分了得,本来以为能说会道的幽幽在社交方面不可能出现什么问题,可让爸爸妈妈感到意外的是,幽幽的朋友越来越少,几乎没有多少同学愿意和幽幽一起玩。

这到底是怎么回事呢?

爸爸妈妈有一次碰巧见到了幽幽与别人相处时的情景:

"听我说!"还没等爸爸妈妈走近,就听见了幽幽霸气的一声大吼。

原来几个同学在讨论这次板报用什么主题,幽幽看大家七嘴八舌没人听自己说话,就生气地大吼了

凭什么听你的啊!

一声。

几个同学当场就不乐意了:"凭什么听你的啊!你愿意出板报就出,不愿意就算了!"

幽幽气不过,转身走了。

倾听是人类有效沟通所必备的元素,它是一种接纳的语言,一种心灵的互通、理解和尊重。倾听的过程就是一个积极地接受和理解对方的过程。如果你没有倾听的习惯,那么必将给你的成长带来负面影响。如何养成倾听的好习惯呢?让对方体会到你的关注是重中之重。

关注是倾听中的一个重要环节,它能使对方从你那儿获得亲切与安全的信息。所谓关注,是指男孩通过自己的行为与语言,给对方一个"我正在专心听你的诉说"的信息。

关注技术分两类,一类是体态语言,另一类是口头语言。

★ 体态语言

体态语言就是通过人的面部表情、手、脚以及身体的动作、姿态,传达某种情感的不言之语。比如,当对方非常苦恼的时候,你也要有沉重的表情;当对方很高兴的时候,你也要流露出愉快的神情。

★ 口头语言

用口头语言来表示关注,就是随时用"嗯"、"噢"、"我知道了"之类的话语,表示自己正在专心地听对方讲话。如果你只顾听对方说,而不用自己的声音传递关注,会引起对方的误会,以为你在想别的问题,没有在倾听他说话。

给儿子的悄悄话

懂得倾听是有效沟通的前提。

被朋友误解之后……

青春期男孩在与同学、朋友交往的过程中,常常会被误解、冤枉,于是引发了矛盾,朋友之间的关系变得紧张起来。

还有50米就到学校门口了,没走几步,小轩踢到了一个东西,他低头一看,是一个悠悠球,还很新呢!小轩看看左右,都是急匆匆往学校里面走的学生,他自言自语地说:"这是谁的呢?"一边说着,一边玩着进了学校。

刚进教室,就听见老师在说:"好,刚进来的同学快点儿,班长带领大家一起读课文。"说完,老师转身走了,小轩和大家一起读课文,然后交作业、上课……一连串的事情让小轩忘记了上学路上捡到的悠悠球。

中午,大家准备吃饭,小轩收拾干净桌子,等着开饭的时候想起了悠悠球,饶有兴趣地拿出来玩。这时候,后面座位的肖林冲了上来,劈手夺走了悠悠球,还气哼哼地说:"你,小偷,偷了我的悠悠球!"

小轩忙说:"我没有偷!"

肖林质问道:"没偷?那我的悠悠球为什么在你的手里?我说我怎么找不到了,原来是你拿走的!你就是小偷!"

小轩委屈地哭了,只会说:"我没有偷……"其他什么话都说不出来。

当你遭受到朋友的误解、冤枉,应该怎么做呢?

★ 坦率地阐述事实

当你被同学或朋友冤枉后,要冷静地、心平气和地向对方阐述

事实，不管对方信不信，你都必须把事情说清楚。但需要注意的是，并不是所有的误会在你阐述清楚之后就会解决，所以，你必须明白，有时候需要等到机会"还自己清白"，目前只能忍耐。

★ 多交几个了解自己的朋友

人们常常讲"理解万岁"，男孩生活在集体中，不能奢求所有人都理解你，但是如果有几个知心朋友能够在关键时刻支持你，那就是莫大的安慰。因此，男孩要多去结交一些知心朋友，经常和朋友一起聊天、游戏，彼此在和睦的氛围中相互了解。还要经常把自己的想法和朋友说说，从而加深朋友之间的信任感。这样，当你被误解、冤枉的时候，你的朋友会站在你身边，替你解释，相信你、信任你。

给儿子的悄悄话

清者自清，浊者自浊。